Bulgarische Schwarzmeerküste – Die schönsten Wanderungen

Bulgarische Schwarzmeerküste Kaleidoskop

Karten und Pläne

ADAC
Reiseführer

Bulgarische Schwarzmeerküste

Sofia Bergklöster Naturschönheiten

von Daniela Schetar-Köthe und Friedrich Köthe

☐ Intro

☐ Unterwegs

☐ Service

Leserforum

Die Meinung unserer Leserinnen und Leser ist wichtig, daher freuen wir uns von Ihnen zu hören. Wenn Ihnen dieser Reiseführer gefällt, wenn Sie Hinweise zu den Inhalten haben – Ergänzungs- und Verbesserungsvorschläge, Tipps und Korrekturen – dann kontaktieren Sie uns bitte:

Redaktion ADAC Reiseführer
ADAC Verlag GmbH
Am Westpark 8, 81365 München
Tel. 089/76 76 41 59
reisefuehrer@adac.de
www.adac.de/reisefuehrer

Bulgarien Impressionen
Entdeckungen zwischen Schwarzem Meer und Balkan

Im sonnigen Südosten, nur rund zwei Flugstunden von Mitteleuropa entfernt und doch schon in Sichtweite von Asien, liegt Bulgarien, das verheißungsvolle Urlaubsziel am Schwarzen Meer. Dort versprechen kilometerlange breite feine Sandstrände wie **Goldstrand** oder **Sonnenstrand** Sommergästen schöne und abwechslungsreiche Ferientage.

Fast 400 km lang ist die vielgestaltige bulgarische **Schwarzmeerküste**. Im Süden um *Carevo* zeigt sie sich buchtenreich, im mittleren Teil liegen bei *Burgas* und Varna die berühmten, flach ins Meer auslaufenden (kinderfreundlichen) Traumstrände und im Norden um das *Kap Kaliakra* schließlich beherrschen steile Klippen das Bild. Selbst im Hochsommer findet sich an der Küste immer ein ruhiges Fleckchen, und das obgleich die bulgarische Schwarzmeerküste jährlich mehrere Millionen Gäste empfängt. Auf die Urlauber warten unbeschwertes Sonnenbaden und **Wassersport** jeglicher Art, dazu komfortable Hotels, exzellente Restaurants, lebhafte Strandpromenaden und eine Vielzahl bunt sortierter Geschäfte und Verkaufsbuden, abends locken Tanztempel zum Feiern und Flirten bis in den frühen Morgen.

Wer Kultur sucht, findet sie in historischen Orten wie *Nesebăr* und *Sosopol* mit ihrer zauberhaften Holzarchitektur, Outdoorfans können Naturparks wie das Mündungsgebiet des *Ropotamo* oder die Vogelschutzgebiete um *Šabla* im Norden durchstreifen.

Zwar sind die Strände am Schwarzen Meer das wichtigste touristische Kapital Bulgariens, doch häufig erkunden Besucher auch das **Landesinnere**. Historische Städte wie *Plovdiv*, antike Ausgrabungen

Oben: *Rosenfest von Kazanlăk – Feier zu Ehren der Schönheit*
Rechts oben: *Türkische Spuren in Sofia – die Banja Baši-Moschee mit ihrem schlanken Minarett*
Rechts unten: *Herrlich entspannen lässt es sich am Sonnenstrand, im Hintergrund Nesebăr*

wie das thrakische Königsgrab von *Sveštari* und die für Europa einzigartige Bergwelt der *Rhodopen* ziehen Kulturreisende ebenso wie Naturfreunde an. So lädt z. B. das *Pirin-Gebirge*, eine unverfälschte Landschaft mit lieblichen Hoch-

tälern, Gebirgsseen und einer außerordentlichen Pflanzenpracht, zu ausgedehnten Wanderungen ein.

Das Landesinnere ist geprägt von kontinentaleuropäischem **Klima**, im Sommer scheint beständig die Sonne, im Winter

sich die fruchtbare **Donauebene**, die Donau selbst bildet hier auf 470 km Länge die Grenze zu Rumänien, von den Ausläufern des **Stara-Gebirges** im Westen bis zum Schwarzen Meer im Osten. Südlich des Balkans wird die Landschaft von niedrigeren Gebirgszügen geprägt. Lediglich die **thrakische Ebene**, auch Marica-Becken genannt, liegt etwas tiefer. Um sie herum dominieren im Südwesten Bulgariens an der Grenze zu Mazedonien und Griechenland Höhenzüge wie das mit dem *Musala* bis zu 2925 m hohe **Rila-Gebirge** oder die sich nach Osten zu anschließenden **Rhodopen**. Entlang des Flusses *Marica* erstreckt sich schließlich bis zum Schwarzen Meer die Region Rumelien. In ihrem Südosten verläuft durch das waldreiche **Strandža-Gebirge** die Grenze zur Türkei.

ist alles unter meterdicken Schneedecken verborgen. Inzwischen gewinnen **Wintersportorte** wie *Bansko* zunehmend auch international an Bedeutung und mausern sich mit gepflegten Pisten und Skizirkus zu beliebten Reisezielen.

Von Höhen und Tiefen

Bulgarien ist ein kleines Land. Rund 111 000 km² beträgt seine Fläche, nicht einmal ein Drittel der Größe Deutschlands, und nur 7,8 Mio. Menschen leben hier. Der bis zu 50 km breite und 600 km lange Rücken des **Balkan-Gebirges**, dessen höchster Gipfel, der *Botev*, 2376 m aufragt, durchzieht als Wasser- und Wetterscheide die Mitte des Landes von West nach Ost. Nördlich davon erstreckt

Links oben: *Heiteres Wiener Flair atmet die klassizistische Altstadt von Ruse*
Mitte links: *Fernab der Hektik liegt Kloster Bačkovo inmitten der Rhodopen*
Links unten: *Bilderrausch in der Kirche Roždestvo Christovo von Arbanasi*
Oben: *Schmucke Wiedergeburtshäuschen prägen die Altstadt von Nesebär*
Unten: *Manche Kirchen sind wahre ›Ikonenmuseen‹, etwa die Sv. Atanas in Varna*

Einheit aus Vielfalt

In der Antike siedelten **Thraker**, Vorfahren der heutigen Bulgaren, am Schwarzen Meer. Die Römer beherrschten die Region ab dem 1. Jh. v. Chr., gründeten Häfen, errichteten Tempel, Theater und **Thermalbäder** wie das in Odessos, heute Varna, die bis in unsere Tage Gesundheitssuchende anziehen. Im 7. Jh. schufen die Bulgaren ihr Erstes Reich, das von der Adelsschicht der Bojaren mit einem Khan, später einem Zaren, an der Spitze regiert wurde. Doch im 11. Jh. wurde **Byzanz** übermächtig und verleibte sich das Land ein. Nach dem Zweiten Bulgarischen Reich (12. Jh.) folgte im 14. Jh. die 500 Jahre dauernde Fremdherrschaft des **Osmanischen Reiches**, das ›türkische Joch‹. 1877/78 schließlich mündete die Bewegung der ›Nationalen Wiedergeburt‹ in der von den Russen initiierten Vertreibung der Türken. In Bulgarien entstand nun eine breite wohlhabende Mittelschicht, Kunst und Kultur orientierten sich an europäischen Vorbildern. Architektonisch kennzeichnet diese Epoche die sog. **Wiedergeburtsarchitektur**, die durch Fassaden mit vorkragenden, mit Holzschnitzereien verzierten Obergeschossen geprägt ist. Paradebeispiele finden sich etwa in den Küstenstädten *Nesebär* und *Sosopol*.

Goldschätze, Kirchen und Klöster

Auf Schritt und Tritt begegnet der Reisende in Bulgarien dem reichen historischen und künstlerischen Erbe. Filigran gearbeitete Ringe, Armreifen und Brustschmuck des legendären **Goldschatzes von Varna**, heute teilweise im Archäologischen Museum der Stadt zu sehen, künden von der hohen Kunst der Goldschmiede im 6. Jt. v. Chr. Die grandiosen **thrakischen Kuppelgräber** wie das von Kazanlăk aus dem 4. Jh. v. Chr. sind bis heute Gegenstand

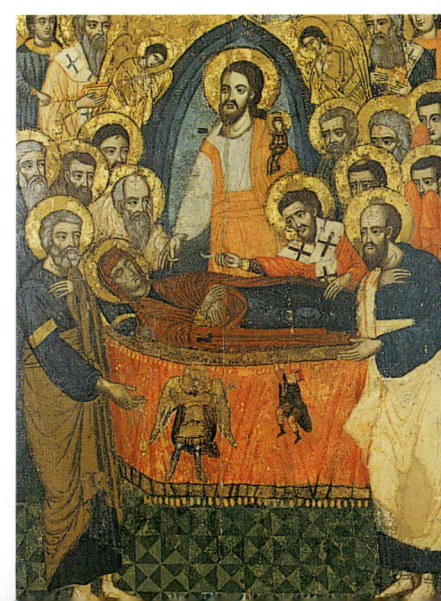

auch Einflüsse von außen auf. So stand wohl die Hagia Sophia von Konstantinopel Pate bei der 1904–12 errichteten, kuppelgekrönten *Aleksander-Nevski Kathedrale* in der Hauptstadt **Sofia**. Hier wie auch in zahlreichen Klöstern des Landes wird übrigens die bedeutende Tradition des **Chorgesangs** gepflegt. Die getragenen Gesänge der bulgarischen Männer- und Frauenchöre sind weltweit berühmt.

Lebenslust und Brauchtum

So religiös und traditionsverbunden die Bulgaren einerseits sind, so zeichnen sie sich zugleich im täglichen Leben durch überschäumendes *mediterranes Temperament* aus. Tatsächlich kann man in der Öffentlichkeit häufig leidenschaftliche Diskussionen beobachten, bei denen auch lebhaft gestikuliert wird. Nicht zuletzt der unkonventionelle Fahrstil spricht für eine gewisse Impulsivität.

Darüber hinaus offenbaren sich die Bulgaren auch als Genießer und Weinkenner. **Weinberge** sind in der Region seit dem 2. Jt. v. Chr. verbürgt. Auf den ausgezeichneten Böden der Donauebene und am Schwarzen Meer gedeihen seit

intensiver Forschung. Und noch immer entdecken Archäologen neue Gräber. Einige sind vorzüglich erhalten und auf ihrem kunstvoll zusammengefügten Mauerwerk mit berückenden Fresken ausgemalt. Das christlich-orthodoxe Byzanz wiederum hinterließ zahlreiche frühchristliche **Kirchen**, wie z. B. in Nesebär. Manche der Gotteshäuser sind über tausend Jahre alt, ihre Bauformen und künstlerische Gestaltung wirkten stilbildend für die gesamte Epoche. Für die anschließende Neuorientierung stehen etwa die Fresken der **Kirche von Bojana** im Vitoša-Gebirge. Sie entstanden im 13. Jh. und nahmen in ihrer Lebendigkeit und Wirklichkeitsnähe die Entwicklung voraus, die in der italienischen Malerei etwa bei Giotto Furore machte. Immer wieder griffen bulgarische Künstler und Architekten

Links oben: *Wanderer kommst du nach Vraza – erkunde unbedingt die Vracataschlucht*
Unten: *Eine Idylle der Ländlichkeit bilden die weiten Weideflächen in den Rhodopen*
Rechts oben: *Großes Theater in der Provinz – im 1. Jh. n. Chr. war Plovdiv Hauptstadt der römischen Provinz Thracia*
Rechts: *Einladendes Strandrestaurant in Nesebär*

und mit Blick auf Mitteleuropa sieht die bulgarische Jugend in die Zukunft. Doch vergisst auch sie darüber nicht ihr kulturelles Erbe, zu dem auch der althergebrachte *Feuertanz* gehört, bei dem die Männer barfuß über glühende Kohlen laufen. Die **Familie** ist neben der nationalen Unabhängigkeit das höchste Gut. An den Wochenenden trifft sich regelmäßig die gesamte Sippe zu Ausflügen in die Berge oder ans Meer, wo man beim Picknick über Gott und die Welt philosophiert. Das **Essen** ist immer reichlich, der *Šopska-Salat* aus Gurken, Tomaten, Paprika und Schafskäse ist unverzichtbar, dazu wird gern Grillfleisch und Schwarzmeerfisch gereicht. Ein solcher Tag endet meist mit **Musik** und **Tanz**.

Der Reiseführer

Dieses Buch stellt Bulgarien und seine Schwarzmeerküste in **vier Kapiteln** vor. Auf besondere Höhepunkte bei Sehenswürdigkeiten, Hotels, Restaurants und Naturschönheiten verweisen die **Top Tipps**. Den Besichtigungspunkten sind **Praktische Hinweise** mit Touristenbüros sowie Hotel- und Restaurantempfehlungen angegliedert. Detaillierte **Übersichtskarten** und **Stadtpläne** erleichtern die Orientierung. **Bulgarische Schwarzmeerküste aktuell A bis Z** bietet alphabetisch geordnet Nützliches von Informationen vor Reiseantritt über Einkaufs- und Sportmöglichkeiten bis zu Verkehrsmitteln. Hinzu kommt ein praktischer **Sprachführer**, ein Kaleidoskop interessanter **Kurzessays** rundet den Reiseführer ab.

thrakischer Zeit die edelsten Tropfen. Im Sozialismus war der Rotwein Mavrud im ganzen Ostblock berühmt, aber auch Gamza und Pamid sowie die weißen Dimiat oder Damianka sind mehr als einen Schluck wert. Aus dem Trester gewinnt man *Rakija*, einen hochprozentigen **Schnaps**, der gern vor dem Essen getrunken wird. Einen guten Ruf genießt auch der bulgarische **Weinbrand**, wie er beispielsweise unter dem Namen ›Black Sea Gold‹ bei Pomorje destilliert wird. Neben den Weinstöcken recken sich oft die Dolden der **Tabakpflanzen** der Sonne entgegen.

Zum guten Ton des städtischen Lebens gehört neben Genussmitteln auch Kleidung gemäß den **aktuellen Modetrends** von Paris, London und Mailand. Selbstbewusst, optimistisch, voller Elan

Geschichte, Kunst, Kultur im Überblick
Von Thrakern und Römern, Zarenmacht und Klösterpracht

6. – 5. Jt. v. Chr. Jungsteinzeitliche Jäger und Sammler besiedeln die thrakische Tiefebene südlich des Balkans.

um 5000 v. Chr. Aus Asien wandern indoeuropäische Arier, von Westen her Kelten in den Schwarzmeerraum ein. Sie werden sesshaft und betreiben Landwirtschaft.

4600 – 4200 v. Chr. In einem kupferzeitlichen Gräberfeld beim heutigen Varna werden die Toten mit kunstvoll gearbeiteten goldenen Grabbeigaben bestattet, die heute in den Museen von Varna, Sofia und Vraca zu sehen sind. Es handelt sich um die frühesten Zeugnisse von Metallbearbeitung in Europa.

um 2000 v. Chr. Die Bevölkerung im südlichen und zentralen Balkanraum spricht dieselbe Sprache und verfügt über eine einheitliche Kultur. Geschichtsschreiber nennen sie ›Thraker‹.

7. Jh. v. Chr. Griechen gründen an der Küste des Schwarzen Meeres Stadtkolonien, darunter Odessos (Varna), Messambria (Nesebär) und Apolonia (Sosopol).

5. Jh. v. Chr. Die untereinander verfeindeten Stämme der Thraker treiben

Gold- und Silberschmuck ziert den thrakischen Helm aus dem 3. Jh. v. Chr.

Ackerbau und Viehzucht. Sie errichten ihren Priesterkönigen gewaltige Grabhügel, wie den im Rosental bei Kazanläk (heute UNESCO-Weltkulturerbe). – Der Stamm der Odrysen gewinnt die Oberhand und gründet ein thrakisches Reich.

341 v. Chr. Der Mazedonier Philipp und sein Sohn Alexander der Große unterwerfen das Odrysenreich. Philipp gründet den Ort Philippopolis, das heutige Plovdiv.

46 n. Chr. Der römische Kaiser Claudius erobert Philippopolis und gründet in der Region zwei römische Provinzen: Thracia südlich und Moesia Inferior nördlich des Balkan-Gebirges. Die Römer erschließen das Land, bauen Straßen, Häfen, Tempel und Thermen.

395 Das Römische Reich zerfällt in West- und Ost-Rom. Der Balkan gehört künftig zum oströmischen, byzantinischen Reich mit Konstantinopel als Hauptstadt.

5. Jh. Slawische Völker wie Awaren, Visigoten und Vandalen überschreiten von Norden her die Donau.

6. Jh. Slawen werden im Balkanraum sesshaft und assimilieren bald die dortige thrakisch-römische Bevölkerung.

6./7. Jh. Protobulgaren, eine kriegerische Gruppe der Turkvölker, wandern aus Zentralasien ein und schließen sich mit den dort ansässigen Slawen unter der Führung von Khanen zusammen.

681 Khan Asparuch erhebt sich erfolgreich gegen die byzantinische Herrschaft und gründet zwischen Balkan und Karpaten das Erste Bulgarische Reich, das bis 1018 Bestand hat. Hauptstadt ist Pliska.

Im 9. Jh. wirken die Slawenapostel Kyrill und Method in Osteuropa

um 700 Unter Khan Tervel meißeln Künstler das überlebensgroße Reiterrelief von Madara bei Šumen (heute UNESCO-Weltkulturerbe) in den Fels.

um 810 Khan Krum und Byzanz bekriegen sich um die Vorherrschaft auf dem Balkan.

752 – 779 Khan Ormutag schließt Frieden mit Byzanz. Fortan nennen sich die bulgarischen Herrscher nach byzantinischer Tradition ›Caesar‹ bzw. ›Zar‹.

863 Die Brüder Kyrill und Method entwickeln im Auftrag des byzantinischen Kaisers das erste slawische Alphabet und damit die glagolitische Schrift.

865 Zar Boris I. erklärt das orthodoxe Christentum zur Staatsreligion.

893 – 927 Unter der Regentschaft von Zar Simeon dem Großen erhält Bulgarien den Beinamen ›Reich der drei Meere‹. Es erstreckt sich während dieser Blütezeit vom Schwarzen Meer im Osten, über die Ägäis im Süden bis zur Adria im Südwesten und grenzt im Westen an das Deutsche Reich. Allerdings kommt es in dieser Epoche zu innerstaatlichen

Wildes Kampfgetümmel während des Russisch-Türkischen Krieges 1877/78

Auseinandersetzungen zwischen dem Zaren und der Adelsschicht der Bojaren.

um 900 Der christlich-orthodoxe Eremit Ivan Rilski lässt sich im Rila-Gebirge nieder, seine Klause wird zur Keimzelle des Rila-Klosters.

1014 Der byzantinische Kaiser Basileios II. lässt nach der siegreichen Schlacht bei Strumitza 14 000 gefangenen bulgarischen Soldaten die Augen ausstechen.

1018 Byzanz erobert das Erste Bulgarische Reich. In den folgenden zwei Jahrhunderten erheben sich die Bulgaren immer wieder erfolglos gegen die byzantinische Herrschaft.

1083 Byzantinische Generäle lassen das Bačkovo Kloster bei Asenovgrad errichten.

1185 Die Bojarenbrüder Asen und Peter initiieren einen erfolgreichen Aufstand gegen Byzanz und gründen im Anschluss das Zweite Bulgarische Reich mit Veliko Tärnovo als Hauptstadt.

1241 Nach dem Tod Zar Asens II. erobert Byzanz weite Gebiete Bulgariens zurück. Von Norden her fallen immer wieder mongolischstämmige Tataren im Schwarzmeerraum ein. Der bulgarische Adel, die Bojaren, verlangt mehr Rechte vom Zaren.

1257 Die Bojaren gewinnen die Oberhand und wählen künftig den Zaren aus ihrer Mitte.

14. Jh. In Kleinasien erstarkt das Osmanische Reich. Byzanz ist ihm bereits tributpflichtig, nun häufen sich Übergriffe auf den Balkan.

1371 In der Schlacht an der Marica besiegen die Osmanen die vereinten Heere Bulgariens, Bosniens, Serbiens und Ungarns.

1396 Nach dem Fall von Vidin wird Bulgarien osmanische Provinz. Für die Bulgaren beginnt die rund 500-jährige Zeit des ›türkischen Jochs‹. Das Land wird rücksichtslos ausgebeutet, etwa die Hälfte der Bevölkerung versklavt oder getötet.

1453 Sultan Muhammad II. marschiert in Konstantinopel ein und erklärt es zur Hauptstadt des Osmanischen Reiches.

1508 In Türgovište druckt der Mönch Makarios das erste christlich-liturgische Buch in bulgarischer Sprache.

16. Jh. Die Türken schlagen mehrere Aufstände der Bulgaren blutig nieder. Im Untergrund leistet die Heiduckenbewegung Widerstand gegen die Fremdherrschaft.

1683 Deutsche, Österreicher und Polen besiegen die Türken vor Wien. Die türkische Antwort besteht in einer verstärkten Zwangsislamisierung auf bulgarischem Boden. Nach einem niedergeschlagenen Aufstand Ende des Jahrhunderts in Tärnovo werden dort über 250 Kirchen zerstört.

1762 Der Mönch Chilendarski veröffentlicht sein Buch ›Slawisch-Bulgarische Geschichte‹, in dem er das bulgarische Volk als Wegbereiter des Slawentums in Bezug auf Schrift, Staatenbildung und Religion stilisiert. Damit weckt er ein neues Nationalbewusstsein unter den Bulgaren.

1806–12 Der Russisch-Türkische Krieg schwächt das osmanische Reich und läutet die Ära der bulgarischen Wiedergeburt ein, die durch Besinnung auf traditionelle Werte, Kultur und einen erstarkenden Nationalstolz gekennzeichnet ist.

1854–56 Großbritannien, Frankreich und die Türkei besiegen im Krimkrieg das pan-slawistisch agierende Russland.

1867 Freischärler wie Georgi Rakovski attackieren immer wieder die Türken in Bulgarien.

1873 Der heute als bulgarischer Nationalheld gefeierte Vasil Levski wird von den Türken gehängt.

1875/76 Die Türken schlagen zwei Aufstände der Bulgaren blutig nieder. Allein in Plovdiv sterben 15 000 Menschen.

Der deutsche Adlige Alexander von Battenberg wird 1879 Fürst von Bulgarien

1877/78 Im Russisch-Türkischen Krieg besiegt Zar Alexander II. nach schweren Kämpfen das osmanische Reich. Im Frieden von San Stefano wird die Gründung des Dritten Bulgarischen Reiches beschlossen, das sich zwischen Schwarzem Meer, Ägäis und Adria erstreckt.

1878 England, Österreich-Ungarn, Russland und das Deutsche Reich teilen Bulgarien im Berliner Vertrag auf. Dabei entstehen ein autonomer Rumpfstaat im Norden und das weiter unter türkischer Herrschaft stehende südbulgarische Ostrumelien.

1879 Die bulgarische Nationalversammlung beschließt in Veliko Tãrnovo die Verfassung für den neuen bulgarischen Staat mit dem Status der konstitutionellen Monarchie. Die Delegierten wählen den in russischen Militärdiensten stehenden deutschen Adligen Alexander von Battenberg zum Fürsten ihres Landes.

1886 Der Frieden von Bukarest beendet den Bulgarisch-Serbischen Krieg um Ostrumelien, das dem Fürstentum Bulgarien zufällt. – Eine von Russland initiierte Offiziersrevolte führt den Sturz des Fürsten von Battenberg herbei.

1887 Ferdinand von Coburg-Gotha besteigt als Ferdinand I. den bulgarischen Thron.

1908 Ferdinand I. erklärt sich zum Zar über ganz Bulgarien, womit er Gebietsansprüche innerhalb der Grenzen des Ersten Bulgarischen Reiches anmeldet.

1912 Im ersten Balkankrieg kämpfen Bulgarien, Serbien, Montenegro und Griechenland gegen die Türkei, das die südlichen und östlichen Rhodopen an Bulgarien verliert.

1913 Streit um Gebietsgewinne führen zum zweiten und dritten Balkankrieg, diesmal zwischen den vorhe-

Ferdinand von Coburg-Gotha als Zar Ferdinand I. von Bulgarien (um 1910)

rigen Verbündeten. Mit den Friedensschlüssen von Bukarest und Konstantinopel verliert Bulgarien die südliche Dobrudža und Silistra an Rumänien, das nördliche Makedonien an Serbien.

1915 Bulgarien tritt an der Seite Deutschlands und Österreich-Ungarns in den Ersten Weltkrieg ein.

1918 Nach einem Militärputsch dankt der bulgarische Zar Ferdinand I. ab, sein Sohn Boris III. übernimmt die Regentschaft.

Zar Boris III. trifft 1928 bei Feierlichkeiten den bulgarischen Metropoliten Stephan

1919 Mit dem Friedensschluss von Neuilly-sur-Seine nach dem Ersten Weltkrieg verliert Bulgarien seinen Zugang zum Mittelmeer an das neu gegründete Jugoslawien.

1923 Auf eine erfolglose Offiziersrevolte mit faschistischem Hintergrund im Juni folgt im Oktober ein kommunistischer Putschversuch, der ebenfalls scheitert. Unter Premierminister Aleksander Tsankov beginnt daraufhin eine blutige Kommunistenverfolgung. Der linke Putschführer Georgi Dimitroff kann nur mit knapper Not durch die Flucht nach Russland entkommen.

1941 Bulgarien schließt sich im März dem Dreimächtepakt zwischen dem Deutschen Reich, Italien und Japan an, zunächst ohne in den Zweiten Weltkrieg einzutreten. Zar Boris III. erlaubt aber deutschen Truppen von Bulgarien aus in den Balkan und nach Griechenland einzumarschieren. – Im Dezember erklärt Bulgarien Großbritannien und den USA den Krieg, nicht jedoch der Sowjetunion.

1942 Die Regierung Bulgariens orientiert sich zunehmend faschistisch, Konzentrationslager entstehen, zahlreiche missliebige Personen werden verhaftet. Die Kommunistische Partei Bulgariens schließt sich mit der Bauernpartei zur ›Vaterländischen Front‹ zusammen, die ebenso wie einige Untergrundgruppen Widerstand gegen den Faschismus leistet. Ein erbitterter verlustreicher Partisanenkrieg ist die Folge.

1943 Im August stirbt überraschend Boris III. Sein sechsjähriger Sohn Simeon II. wird Zar, ein Regentschaftsrat führt für ihn die Regierungsgeschäfte.

1943/44 Bombenangriffe der Alliierten zerstören große Teile Sofias.

1944 Am 5. September erklärt die Sowjetunion Bulga-

Josef Stalin und Georgi Dimitroff 1936 in Moskau unterwegs zu einer Parade

rien den Krieg, 48 Stunden später überschreitet die Rote Armee die Donau. Anderntags formiert sich in Sofia eine neue bulgarische Regierung unter Führung der linksorientierten ›Vaterländischen Front‹. Simeon II. bleibt Zar, aber die Mitglieder seines Regentschaftsrates werden hingerichtet. – Am 28. Oktober schließt Bulgarien mit den Alliierten Frieden und erklärt Deutschland den Krieg.

1944/45 An der Seite der Alliierten beteiligt sich die bulgarische Armee an den Schlusskämpfen auf dem Balkan und auf deutschem Gebiet.

1946 Die Monarchie wird abgeschafft. Zar Simeon II. geht mit Mutter Joanna und Schwester Maria-Luisa zunächst nach Ägypten, dann nach Spanien ins Exil. – Die Volksrepublik Bulgarien wird ausgerufen und erhält eine neue Verfassung. Der aus dem stalinistischen Russland zurückgekehrte Georgi Dimitroff wird Ministerpräsident.

1949 Georgi Dimitroff stirbt, sein Nachfolger, der Stalinist Vulko Červenkov, lässt politische Gegner verfolgen. 90 000 Dissidenten werden

verhaftet, des Landes verwiesen oder getötet.

1954 Červenkov tritt ab. Der strikte Sowjet-Kommunist Todor Živkov wird Erster Sekretär des Zentralkomitees. Živkov baut die Dirhavna Sigurnost (DS) auf, die bulgarische Staatssicherheit.

1962 Živkov wird zusätzlich Ministerpräsident.

1968 Der Prager Frühling wird unter Mithilfe der sozialistischen Bruderländer, auch Bulgariens, blutig niedergeschlagen.

1971 Živkov wird zusätzlich Staatsratsvorsitzender.

1974 Deutschland und Bulgarien nehmen vollgültige diplomatische Beziehungen miteinander auf.

1980er-Jahre Wie im gesamten Ostblock wächst auch in Bulgarien die Unzufriedenheit der Bevölkerung mit der wirtschaftlichen Situation in ihrem Land. Es kommt zu massiven Demonstrationen gegen die Regierung.

1989 Einen Tag nach dem Fall der Berliner Mauer erklärt Živkov am 10. November seinen Rücktritt. Das bulgarische Zentralkomitee beschließt, freie Wahlen zuzulassen.

1990 Die Kommunistische Partei ändert ihre Paradigmen und wird zur Sozialisti-

schen Partei (BSP). Die Opposition schließt sich zur Partei Vereinte Demokratische Kräfte (UDF) zusammen. Bei den Wahlen gewinnt die BSP die absolute Mehrheit.

1991 Das Parlament verabschiedet eine neue demokratische Verfassung. Die folgenden Wahlen gewinnt das Oppositionsbündnis knapp vor den Sozialisten.

1994 Bei den dritten Wahlen erhalten wiederum die Sozialisten die absolute Mehrheit. Doch auch diese Regierung kann die schlechte wirtschaftliche Situation des Landes nicht verbessern.

1996 Der frühere Zar Simeon II. besucht erstmals seit 50 Jahren wieder Bulgarien und deutet eine Rückkehr auf die politische Bühne seines Heimatlandes an.

1997 Der anhaltende Unmut der Bevölkerung über zögerliche Wirtschaftsreformen und zunehmende Korruption zwingt die Regierung zu vorgezogenen Neuwahlen, aus denen das Oppositionsbündnis als Sieger hervorgeht. Die Lage verbessert sich jedoch nicht.

2001 Simeon II. verspricht den Bulgaren ›Wohlstand für alle in 800 Tagen‹, daraufhin gewinnt sein Bündnis aus NMSII (Nationalbewegung Simeon II.) und MRF (Türkische Bewegung für Rechte und Freiheit) die Wahlen. Simeon II. wird Premierminister, der Sozialist Georgi Purvanov Staatspräsident.

2004 Bulgarien wird Mitglied der NATO.

2007 Am 1. Januar tritt Bulgarien der EU bei.

2011 Der für März angestrebte Beitritt Bulgariens zum Schengen-Raum wird verschoben, da die EU-Außengrenzen nicht ausreichend gesichert sind und der Kampf gegen Korruption und Kriminalität im Land nicht genügend vorankommt.

Premierminister Simeon II. (vorne) bei einer Parlamentssitzung im Jahr 2002

Großartige Architektur in der Einsam-
keit der Rila-Berge – Rilski Manastir

Unterwegs

Nördliche Schwarzmeerküste –
goldener Sandstrand an dunklem Meer

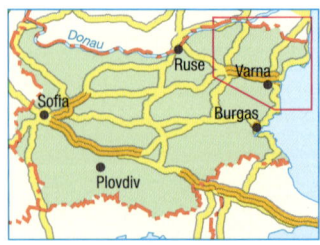

Vom Balkan bis zum Donaudelta an der Grenze nach Rumänien ziehen sich die weiten **Strände** der nördlichen Schwarzmeerküste 110 km lang hin – ein einziger heller und stellenweise bis zu 100 m breiter Sandsaum, nur kurz unterbrochen von den weißen Klippen bei dem Hafenstädtchen **Balčik** und der 70 m schroff abfallenden Steilküste am **Kap Kaliakra**.

Zentrum dieser Küstenregion ist das etwa in der Mitte zwischen Balkan und rumänischer Grenze gelegene Varna, der größte Handelshafen Bulgariens. Hier stehen historische Bürgerhäuser aus dem 18. und 19. Jh. an breiten Boulevards, mehrere Museen dokumentieren die lange Geschichte der Küstenregion, die belebte Fußgängerzone und der weitläufige Meerespark laden zum Bummeln ein.

Die Feriensiedlungen der nördlichen Strände schließen unmittelbar an Varnas Zentrum an. Dicht an dicht säumen Resorts wie **Sveti Sveti Konstantin i Elena**, das als Goldstrand bekannte *Zlatni Pjasǎci*, **Sunny Day, Riviera** und **Albena** den fantastischen Sandstrand, an dem alle erdenklichen Ferienaktivitäten von Ausritten zu Pferde bis zu Surfen und Tauchen angeboten werden. Wie bunte Inseln liegen die Urlaubszentren zwischen den dichten Wäldern des hügelig-bergigen Hinterlandes und dem einladend klaren Meer. Auch südlich von Varna sind immer wieder sandige Buchten zu finden, wie beim Ferienort Obzor oder dem felsigen **Kap Emine**. Das Leben in dieser Region läuft ruhig ab, es ist für alle jene attraktiv, die in erster Linie erholsame Tage am Meer genießen wollen.

Romantische Abwechslung bieten von der Schwarzmeerküste aus Ausflüge in die grünen Hügel des bewaldeten Hinterlandes an. Im **Naturpark Zlatni Pjasǎci** etwa kann man die Ruinen des **Höhlenklosters Aladža** aus dem 14. Jh. erkunden. Reizvoll ist auch ein Besuch des sog. Steinernen Waldes von **Pobiti Kamani**. Sehr kurzweilig ist ferner eine Fahrt in die sanft hügelige **Donautiefebene**, die Kornkammer des Landes, in der sich goldene Weizenfelder sowie schier endlose Sonnenblumen- und Maispflanzungen am Horizont verlieren.

Als ein wahres Vogelparadies gilt das nahe der rumänischen Grenze gelegene seenreiche **Naturreservat Srebǎrna**, in dem vor allem während des Vogelzuges im Frühjahr und Herbst unzählige Arten rasten und nisten. Südwärts, wieder zum Balkan hin, ragt das **Plateau von Ludogorje** steil aus der Ebene, an seinem Fuß liegt die Stadt **Šumen**. In ihr kommen auch kunsthistorisch Interessierte beim Besuch des Archäologischen und des Ethnografischen Museums oder der prächtigen Tombul-Moschee auf ihre Kosten.

1 Varna

Moderne Hafenstadt mit langer Geschichte. Ihre Altstadt und die interessanten Museen laden zu Entdeckungen ein.

Varna ist mit knapp 380 000 Einwohnern die drittgrößte Stadt des Landes und die bevölkerungsreichste der Küste. Die hier ansässige Universität und die Regionalverwaltung geben ihr ein fast hauptstädtisches Gepräge, belebte Einkaufsstraßen sorgen für quirlige Atmosphäre, und das Kulturangebot lässt ebenfalls nichts zu wünschen übrig.

Wer sich Varnas **Zentrum** von der nördlichen Küste her nähert, passiert zunächst den lang gestreckten Meerespark, die grüne Lunge der Stadt. Der Park endet an den ausgedehnten *Hafenanlagen*, die sich am Ufer einer Lagune, des sog. Sees von *Varna*, weit ins Hinterland hinziehen. Nord- und Südufer der Lagune verbindet die *Asparuchovo-Brücke*, mit 1400 m die längste auf dem Balkan. Nordwestlich davon erstreckt sich das Zentrum mit seinen alten Wohnvierteln, den historischen Gebäuden und den Museen.

Geschichte Um 580 v.Chr. gründeten griechische Einwanderer aus Milet hier Odessos, die ›Stadt am Wasser‹. Sie entwickelte sich schnell von einer Fischer- und Ackerbausiedlung zu einem wichtigen Handelszentrum der Schwarzmeerküste. Alexander der Große eroberte sie im 4. Jh. v. Chr., ihm folgten im Jahr 28 v. Chr. die römischen Legionen unter Marcus Licinius Crassus. Odessos war nun Münzpräge sowie Haupthafen der Provinz Moesia. Auch Kurbetrieb kam auf, da die Römer um die heilkräftigen warmen Quellen am Strand Thermen bauen ließen. Als Odessos nach der Teilung des römischen Reiches im Jahr 395 zu Byzanz kam, behielt die Stadt ihre Bedeutung bei. Selbst mit dem Einzug der Slawen im 7. Jh. änderte sie nur ihren Namen in Varna, ›die Schwarze‹.

1201 gliederte Zar Kalojan die Hafenstadt dem **Zweiten Bulgarischen Reich** ein, 1389 eroberten die Türken Varna, das weiterhin Handelszentrum blieb. Nach der Befreiung vom ›türkischen Joch‹ 1878 erlebte die Stadt eine ungeahnte Blüte.

Geradezu großstädtisch zeigt sich Varna, das urbane Zentrum der bulgarischen Schwarzmeerküste, aus der Vogelperspektive

Sie boomte förmlich, nicht nur als Handelsplatz, sondern auch als **Ferienziel** des erstarkenden bulgarischen Mittelstandes, der die Heilbäder der Region frequentierte. Die Umbenennung des Ortes nach dem Zweiten Weltkrieg in ›Stalin‹ war nur von kurzer Dauer, bereits 1956 erhielt er seinen Namen Varna zurück. Wie seit jeher profitierte die Stadt nun vom Schiffsverkehr auf dem Schwarzen Meer, immer mehr aber auch vom zunehmenden **Badetourismus**. Heute lockt das geschichtsträchtige Varna Besucher aus Ost und West, die sowohl unbeschwertes Strandleben als auch vielfältiges Kulturangebot zu schätzen wissen. Beliebt sind z. B. jedes Jahr im Juni der **Varnaer Sommer** mit Sinfonien, Opern, Jazz- und Folkloreveranstaltungen oder der alle zwei Jahre im Wechsel mit der *Grafik-Biennale* stattfindende *Internationale Wettbewerb des modernen Tanzes*.

Besichtigung Die internationalen Hotelresorts konzentrieren sich im Norden Varnas und sind durch eine breite Schnellstraße mit dem Zentrum verbunden. Gleich am nordöstlichen Stadtrand beginnt der 8 km lange Meerespark **Primorski Park ❶**, die 80 ha große grüne Lunge Varnas. Der Park wurde Ende des 19. Jh. entlang der innerstädtischen Küste angelegt und 1908 vollendet. Denkmäler schmücken die gepflegten Rasenflächen, es locken ein kleiner See mit Tretbooten und ein Freilufttheater. Überall kann man an Ständen Getränke und Speiseeis erstehen.

Besonderes Augenmerk bei Großen und Kleinen verdient das **Delfinarium** **2** (Vorführungen Di–So 11 und 15 Uhr, Juni–Aug. Di–So 11, 14 und 15.30 Uhr) im nordöstlichen Teil des Parks. Rund 1000 Zuschauer fasst die Halle, in deren Becken die klugen Meeressäuger sich bei den 40-minütigen Shows Bälle zuwerfen und durch Ringe springen.

Weiter südlich liegt im Park das naturwissenschaftliche **Prirodonaučen Musej** **3** (sommers Di–So 10–17 Uhr, winters Mo–Fr 10–17 Uhr). Es wurde 1960 gegründet und widmet sich in drei Ausstellungen der Geologie, Flora und Fauna Bulgariens, speziell seiner Küste. Neben allerlei Versteinerungen und präparierten Tieren zeigt ein kleines Terrarium mit Aquarium auch lebende Exemplare.

*Kühne Springer, geschickte Akrobaten –
›Flipper‹ in Aktion im Varnaer Delfinarium*

Bedeutend größer ist die Auswahl an derlei Meeresbewohnern im **Aquarium** **4** (Mo 14–19, Di–So 8.30–19 Uhr) am südwestlichen Ende des Meeresparks. Hier geben in einem hübsch eingewachsenen Jugendstilhaus von 1912 zahlreiche Becken mit Fischen und Schalentieren aus allen Ozeanen der Welt eine lebendige Vorstellung von der Artenvielfalt unter Wasser. Eine Abteilung beschäftigt sich speziell mit der Entwicklungsgeschichte des Schwarzen Meeres.

Wenige Meter südlich kündet das auf Land gesetzte Torpedoboot ›Drŭzhki‹ vor dem Marinemuseum **Morskij Musej** **5** (Bul. Primorski, sommers Mo–Fr 10–18 Uhr, winters Mo–Fr 8–17 Uhr) von der Wehrhaftigkeit der bulgarischen Marine. Es soll 1913 im ersten Balkankrieg den einzigen Seesieg Bulgariens errungen und den türkischen Kreuzer ›Hamidie‹ versenkt haben. Das Museum selbst ist im früheren Gebäude des italienischen Konsulats von 1890 ansässig. Es zeigt Waffen und Uniformen der bulgarischen Marinestreitkräfte seit 1877, Schiffsmodelle, allerlei nautische Gerätschaften sowie Fotos und Gemälde.

Westlich des Marinemuseums beginnt die belebte Altstadt. Am besten erkundet man das Netz von Einbahnstraßen zu Fuß. Nach etwa 300 m gelangt man in der Uliza San Stefano zu den Ruinen der Römischen Thermen, den **Terme** **6** (sommers Di–So 10–17 Uhr, winters Di–Fr 10–17 Uhr). Die 7000 m² große Anlage entstand im 2. Jh. und verfügte über alle Einrichtungen, die ein Römer von öffentlichen Bädern erwartete: Kalt-, Warm- und Heißbad, Fitnessraum, Ruhesaal sowie

21

Schwitzbad mit zusätzlichen Öfen, die die Fußboden- und Wandheizung unterstützten. Bis zu 22 m ragen die beeindruckenden Reste der aus Ziegelmauerwerk bestehenden Anlage auf.

Neben den Thermen erhebt sich auf Fundamenten eines Vorgängerbaus aus dem 13. Jh. die 1838 im Stil der Wiedergeburt errichtete Kirche **Sv. Atanas 7** (Ul. Graf Ignatiev 19, Di–So 10–12.30 und zum Abendgottesdienst, meist 18 Uhr). Durch das bogenförmige Portal gelangt man in das reich geschmückte Innere. Besonders schön sind die geschnitzte und vergoldete Ikonostase sowie die geschnitzte Holzdecke. Die zahlreichen Ikonen an den Wänden haben Sv. Atanas den Beinamen ›Ikonenmuseum‹ eingebracht, doch handelt es sich hier um Kopien; die Originale hängen im Archäologischen Museum der Stadt.

Nur wenig südlich der Thermen befindet sich das **Musej Sa Istoriga Na Varna 8** (Ul. 8 Noemvri 3, sommers Di–So 10–17, winters Mo–Fr 10–17 Uhr), das Museum für die Geschichte Varnas. Fotos und Postkarten zeigen Stadtansichten von 1877 bis ins frühe 20. Jh. Eine Schneiderwerkstatt aus dem Jahr 1940, ein nachgebautes Hotelzimmer sowie im Stil des 19. Jh.

eingerichtete Räume vermitteln die damalige Atmosphäre städtischen Lebens.

Ein kurzer Spaziergang bringt Besucher zum **Etnografski Muzej 9** (Ul. Panaguriśte 22, sommers Di–So 10–17, winters Mo–Fr 10–17 Uhr), dem Ethnografischen Museum, das in einem restaurierten Wiedergeburtshaus von 1860 untergebracht ist. Die Ausstellungsräume um einen begrünten Innenhof beherbergen Trachten, Haushaltsgegenstände, Möbel und Werkstätten, Handwerksgeräte, traditionelle Kostüme sowie Masken für die Kukeri- und Surovakane-Feste.

Dreh- und Angelpunkt am nordwestlichen Rand der Altstadt ist der Platz Mitropolit Simeon. Direkt südlich erstreckt sich der parkähnliche Stadtgarten, in dem neben Oper und Theater auch der markante viereckige **Uhrenturm 10** von 1880 die Blicke auf sich zieht, eine Stiftung der Handwerkszünfte der Stadt.

An der Nordseite des Platzes glänzen die Zwiebeltürme der Kathedrale Mariä Himmelfahrt, **Chram Sv. Uspenie Bogorodično 11** (tgl. 7–18 Uhr), unter der Sonne. Das gewaltige Gotteshaus entstand 1880–86 nach dem Vorbild der St. Petersburger Kathedrale der Muttergottes von Kasan in Erinnerung an die für die

Kuppelreigen – Himmelfahrts-Kathedrale Chram Sv. Uspenie Bogorodično in Varna

mit dem gewaltigen Hauptaltar aus schwarzem Holz zu Ehren der Muttergottes. Beeindruckend ist auch das Kuppelfresko, das Christus als Weltenrichter zeigt. Zur Sonntagsmesse singt der berühmte Männerchor der Gemeinde.

Östlich der Kathedrale lockt das sensationelle Archäologische Museum **Varnenski Archeologičeski Musej** ⑫ (Bul. Maria Louiza 41, www.varna-bg.com/museums, sommers Di–So 10–17, winters Di–Sa 10–17 Uhr). In dem Bau der Neorenaissance von 1898, der früheren Höheren Mädchenschule, beleuchtet die Sammlung auf zwei Etagen die Geschichte des Landes von der Frühzeit bis zum Ende der osmanischen Herrschaft. Berühmt ist der hier ausgestellte Goldschatz von Varna, der älteste der Welt. Es handelt sich um Grabbeigaben, die in einer 1972 entdeckten, etwa 300 Gräber umfassenden kupferzeitlichen Nekropole (4600–4200 v. Chr.) gefunden wurden: Halsketten, Armreife, Schmuckplättchen – insgesamt 2000 Preziosen mit einem Gesamtgewicht von 5,5 kg. Die griechische und römische Antike ist mit Kesseln, Skulpturen, Büsten, Vasen, Öllampen und Grabstelen vertreten, Schmiedearbeiten und Töpferwaren dokumentieren das Erste Bulgarische Reich. Aus der Zeit der türkischen Besatzung stammt wunderschöne floral verzierte Keramik. Eine eigene Abteilung im Obergeschoss ist der Ikonenmalerei ab dem 16. Jh. gewidmet. Die Sammlung mit ihren mehr als 130 Exponaten gehört zusammen mit der des

Freiheit Bulgariens gefallenen russischen Soldaten. Die endgültige Fertigstellung dauerte allerdings ihre Zeit: Geweiht wurde die Kirche 1919, die vollständige Ausmalung des Inneren in neobyzantinischem Stil konnte Mitte des 20. Jh. abgeschlossen werden. In den 1960er-Jahren erhielt das Gotteshaus die großen Fenster im Süden. Heute begeistert die dreischiffige Kreuzkuppelbasilika vor allem

Grabstelen und andere Zeugen der Vergangenheit im Archäologischen Museum

Ikonenmuseums in Sofia [s. S. 121] zu den wertvollsten des Landes. In einer eigens für Kinder konzipierten Abteilung können junge Besucher wie einst die Protobulgaren Töpferscheiben bedienen, Knochen, Steine und Holz drillen oder Strohmatten flechten.

Vom Zentrum Varnas aus führt die Hauptausfallstraße, die Verlängerung der Ul. Knyaz Boris I., Richtung Norden in den Vorort Trakata. Dort liegt etwa 1 km vor der Abfahrt nach Sv. Sv. Konstantin i Elena das **Schloss Evxinograd** ⓭ (Tel. 052/39 31 40, Gruppenführungen ab 5 Personen Mo–Fr 10–15, Sa, So, Fei 9–14 Uhr) in einem herrlichen 80 ha großen terrassierten Gartenpark am Meer. 1882 ließ Fürst Alexander von Battenberg hier anstelle des kleinen Klosters Sveti Dimitar das Schlösschen Sandrovo errichten. Seine Architektur ist vom französischen Eklektizismus inspiriert, die Fassade nahm mit Figurenmauerwerk und hohen Mansarden Einflüsse der Renaissance auf. Unter Zar Ferdinand I. wurden 1888 Garten und Park ringsum nach europäischem Vorbild gestaltet. Dazu wurden mehr als 50 000 Bäume gepflanzt und es entstanden Weinberge, die noch heute Reben für vorzüglichen Wein, Brandy und Cognac liefern. Ferdinands Frau

Herrschaftlich-heitere Fassade von Schloss Evxinograd im Stil der Neorenaissance

Marie Louiza nannte das Schloss 1893 in Evxinograd um – nach dem altgriechischen ›Pontos evxinos‹, ›gastliches Meer‹. Heute dient das prächtige Schloss im Stil der Neorenaissance der bulgarischen Regierung als repräsentativer Rahmen für Empfänge. In einem Nebengebäude ist ein Hotel eingerichtet, in dem sich auch ›Normalsterbliche‹ einmieten können (s. u.).

Ausflüge

18 km westlich von Varna liegt linkerhand direkt an der Hauptstraße der Steinerne Wald **Pobiti Kamani**. Das etwa 50 km^2 große Areal zeichnet sich durch bis zu 5 m hohe, meist hohle Fels- und Kalksteinformationen aus, die durchaus Ähnlichkeit mit abgestorbenen Baumstämmen haben. Schon von der Straße aus erwecken Felssäulen inmitten der weiten Ebene die Aufmerksamkeit des Betrachters. Wer will, nimmt sich am Eingang einen Führer und erkundet mit ihm die besonders auffälligen Formationen. Die geologische Entstehungsgeschichte von Pobiti Kamani ist nicht eindeutig geklärt, bis zu 15 verschiedene Theorien über dieses Naturphänomen gibt es heute.

Seltsame Gebilde aus Kalkstein beflügeln die Fantasie der Besucher von Pobiti Kamani

Verschiedentlich wird man bei der Besichtigung Besucher sehen, die die Steinsäulen anfassen oder sogar umarmen. Die Bulgaren glauben, dass von dem Gestein eine positive Energie ausgeht, die sich durch Berührung auf den menschlichen Körper überträgt.

ℹ Praktische Hinweise

Information

Es gibt kein offizielles Tourismusbüro. Informationen erhält man in Hotels und Reisebüros.

Flughafen/Aerogara

Internationaler Flughafen Varna (VAR), Tel. 052/57 33 23, www.varna-airport.bg. Der Flughafen liegt 8 km westlich der Stadt. Während des Sommers landen hier Charterflüge diverser Pauschalreiseveranstalter. Im Winter erreicht man Varna über Sofia mit der nationalen Fluggesellschaft Hemus Air (www.air.bg/en). Die *Buslinie Nr. 409* fährt untertags mehrmals stündlich die Strecke Flughafen – Varna Zentrum (Haltestelle bei der Kathedrale) – Goldstrand.

Hotels

*****Dallas Residence, Ul. Sv. Nikola 33, Varna, Tel. 052/30 00 39, www.dallas-bc. bg. Kleines, sehr elegantes Resorthotel am Küstenweg nördlich von Varna. 16 individuell eingerichtete Zimmer und Suiten mit Mahagonimöbeln aus Indonesien. Großzügiger Fitnessbereich mit Hallen- und Freibad, Tennisplatz.

***Aqua, Ul. Devnya 12, Varna, Tel. 052/63 90 90, www.aquahotels.com. Neues Hotel im Zentrum, 500 m vom Stadtstrand und 100 m vom Bahnhof entfernt. 80 Zimmer in sieben Stockwerken, teils behindertengerecht. Fitnessraum und Sauna, Tiefgarage, Bar und Restaurant.

***Černo more, Ul. Slivnica 33, Varna, Tel. 052/61 22 35, www.chernomorebg. com. Blockhaftes Gebäude mit 20 Stockwerken und 200 Zimmern im Zentrum Varnas beim Meerespark. Ein Teil der Zimmer wurde renoviert und mit neuen Möbeln ausgestattet. Außerdem stehen ein Fitnessraum mit Sauna, zwei Restaurants, drei Bars und ein Nachtclub zur Verfügung.

***Evxinograd, Schloss Evxinograd, Buchung über das Sekretariat des Ministerrates, Sofia, Tel. 052/39 31 40, www.travel. government.bg. Hotel im Schlosspark

am Meer mit komfortablen Apartments. Das Restaurant mit seiner herrlichen Meerterrasse steht ausschließlich Hotelgästen zur Verfügung, ebenso der über Treppen erreichbare Privatstrand.

***Odessos, Bul. Slivnica 1, Varna, Tel. 052/64 03 00, www.odessos-bg.com. Vergleichsweise günstiges Haus im Zentrum Varnas am Meerespark, 100 m vom Strand. 90 Zimmer, davon die Hälfte mit Meerblick.

***Plaza, Bul. Slivnica 10, Varna, Tel. 052/68 40 60, www.hotelplazabg.com. Kleines, luxuriöses Hotel mitten in der Fußgängerzone von Varna. 28 elegant eingerichtete Zimmer und Apartments, teils mit Meerblick, Restaurant und Bar.

Restaurants

Čučura, Ul. Dragoman 11, Varna, Tel. 052/30 14 28, www.chuchura.com. In dem schmucken Wiedergeburtshaus genießt man vor allem klassische bulgarische Gerichte wie etwa Musaka, gebackene Auberginen.

Hašove, Bul. Slivnica 1, Varna, Tel. 052/62 04 24. In gemütlicher, rustikaler Atmosphäre speist man bulgarische und internationale Küche zu Volksmusik-Klängen. Im Sommer werden im Garten auf Holzkohle Kjufteta, leckere Hackfleischbällchen, gegrillt.

Kreuzfahrer vor Varna

Wo sich im Stadtteil Vladislavovo im Nordwesten von Varna ein gepflegter grüner **Park** ausdehnt, fochten im Jahr 1444 Christen und Muslime gegeneinander. Damals, rund 200 Jahre nach dem siebten und offiziell letzten **Kreuzzug**, hatten sich in Varna rund 30 000 Ritter unter dem 20-jährigen polnisch-ungarischen König Vladislav III. versammelt, um gegen die islamische Welt zu ziehen. Sultan Murad II. besiegte das christliche Heer in einer verlustreichen **Schlacht**, bei der u. a. König Vladislav fiel. Auf dem damaligen Schlachtfeld ehrt heute ein granitenes **Monument** den jungen polnischen König, seinen ungarischen Stellvertreter János Hungadi und die anderen gefallenen Kämpfer. Unweit davon zeigt das **Vladislav Varnenčik Musej** (Bul. Jan Chunijadi 3, tgl. 9–17 Uhr) aufgefundene Schwerter, Hellebarden und Rüstungen.

2 Sv. Sv. Konstantin i Elena

Mediterraner Küstenwald, heiße Thermalquellen und ein 2 km langer weißer Sandstrand.

Beinah nahtlos geht die Küstenbebauung Varnas im Nordosten in das Resort mit dem Namen der Heiligen Konstantin und Elena über. Namenspate war das Kloster **Sv. Sv. Konstantin i Elena**, das hier im 18. Jh. zur Behandlung von Tuberkulosekranken erbaut worden war. Von dieser Genesungsstätte hat sich jedoch nur das *Kirchlein* im Zentrum erhalten. In seiner Umgebung wuchsen in den 1950er-Jahren die blockhaften Hotelbauten der ersten Feriensiedlung am Schwarzen Meer empor, die bis zur Wende Drušba, ›Freundschaft‹, hieß. Zwar bestimmen heute mehr denn je Hotelbauten aller Kategorien das Bild, doch treten sie angesichts der ebenfalls reichlich vorhandenen Eichen, Feigenbäume und Zypressen in den Hintergrund.

Durch das Resort ziehen sich breite Avenuen, kleine Brücken führen über schmale Kanäle, kioskgesäumte Fußgängerwege schlängeln sich Richtung Meer und treffen schließlich auf eine schattige *Strandpromenade*. Jenseits erwartet die Urlauber ein aufgeschütteter heller Sandstrand, der durch Felsen, Molen und Stege in mehrere Abschnitte geteilt ist. An einigen können Sonnenanbeter Liegestühle und Schirme mieten. Unmittelbar am Meer entspringen heiße Quellen und sprudeln über den Strand bzw. sind in Betonbecken gefasst. Wer das Bad im heißen Nass etwas komfortabler genießen möchte, besucht das Schwimmbad etwas oberhalb des nördlichen Strandes. Man kann aber auch im klaren Meerwasser baden, surfen, ein Tretboot mieten oder mit dem Wasserscooter über die Wellen toben. Entlang des Ufers bieten zahlreiche Restaurants und Schnellim-

Eine kleine Meereskunde

Akšena, ›dunkelfarbig‹, nannten schon die Thraker das Meer vor ihrer Haustüre, die Griechen fanden **Pontos avxinos**, ›ungastlich‹, passender. In beiden Fällen waren wohl unberechenbare Stürme der Grund für die düstere Namensgebung. Allerdings besannen sich die Griechen später und änderten den Namen um in Pontos evxinos, ›gastliches Meer‹. Auf bulgarisch heißt es heute **Černo more**, Schwarzes Meer, und ist als Binnenmeer umgeben von den Ländern Bulgarien, Rumänien, Ukraine, Russland, Georgien und der Türkei.

Das Schwarze Meer, dessen Farbe in Wirklichkeit meist zwischen einladendem Blau und Grün changiert, ist ein östliches **Randgewässer** des Mittelmeeres, mit dem es durch den Bosporus bei Istanbul, das Marmarameer und schließlich die Dardanellen verbunden ist. Bei maximal 1148 km Nord-Süd- und 615 km West-Ost-Ausdehnung beträgt seine Fläche 423 000 km^2, es ist also etwas größer als Deutschland. Die Tiefe ist mit durchschnittlich 1245 m ebenfalls beeindruckend. Im südlichen Teil senkt sich das Schwarze Meer gar auf 2245 m ab, doch sind die nördlichen und westlichen Uferregionen als flache **Schelfzonen** ausgebildet. Die **Wasser**temperatur beträgt im Sommer an der Oberfläche 22–24 °C, in Küstennähe bis zu 28 °C, im Winter kühlt das Meer auf 8 °C im Süden und im Norden bis zum Gefrierpunkt ab. Dabei ist das Wasser an der bulgarischen Küste mit nur 3% vergleichsweise salzarm, fließen doch über gewaltige Ströme wie Donau, Dnjepr und Don jährlich rund 400 Milliarden m^3 Süßwasser zu.

In der Tiefe nimmt die Salzkonzentration allerdings beträchtlich zu, was auch ein Grund dafür sein mag, dass ab 200–300 m im Schwarzen Meer keinerlei pflanzliches oder tierisches Leben mehr existiert. Weiter oben jedoch ist die **Artenvielfalt** grandios. Im Wasser tummeln sich neben Seehunden und Delfinen rund 140 Fischarten, darunter Stör, Lachs, Steinbutt, Makrele, Seebarsch und Sprotte. An den Ufern ist der Reiher ebenso zuhause wie Sturmmöwe oder Rennkuckuck, im Frühjahr und Herbst kommen noch einmal Millionen von Zugvögeln wie Bläss- oder Zwerggans hinzu. Ihnen kommen die zahlreichen **Naturschutzgebiete** besonders zugute, die helfen, die reiche Flora und Fauna dieser ungewöhnlichen Küstenregion in ihrer Vielfalt zu bewahren.

Oben: *Auge in Auge mit einem Schwarm Makrelen beim Tauchgang im Schwarzen Meer*
Rechts: *Genüssliches Aalen im warmen Wasser – die Thermalquellen von Sv. Sv. Konstantin i Elena*

bisse, Souvenirstände, Eisstände, mobile Fotoateliers und Fahrradverleihe alles, was des Urlaubers Herz begehrt.

Sunny Day

Der einladende Sandstrand von Sv. Sv. Konstantin i Elena setzt sich gen Norden fort. Nach etwa 2 km erreicht man das wesentlich kleinere autofreie Resort Sunny Day. Es war bis 1990 der politischen Führungsschicht Bulgariens vorbehalten und wirkt mit seinen lediglich vier Hotels noch heute sehr exklusiv. Dazu passt auch der Jachthafen, der hier das übliche Strandprogramm von Sonnenbaden, Schwimmen und Surfen ergänzt.

i Praktische Hinweise

Information

Es gibt kein offizielles Touristenbüro. Auskünfte erhält man in Hotels und Reisebüros.

Verkehrsmittel

Die Buslinie Nr. 8 nach Varna hält am Grand Hotel Varna. Sie fährt im Sommer tagsüber mehrmals pro Stunde.

Wassersport

Gallati Tauchcenter, Sunny Day, zwischen Palace und Marina Hotel, Tel. 08 88/30 65 20, www.tauchen-bulgarien.com. Tauchkurse für Erwachsene und Kinder nach PADI und SSI. Unter-

wasserfotografie steht auch auf dem Programm (März–Nov. geöffnet, sonst auf Anfrage).

Hotels

*****Grand Hotel Varna**, Sv. Sv. Konstantin i Elena, Tel. 052/36 10 89, www.gh-varna.com. 12-stöckiges Hotel, 200 m vom Strand entfernt in einem Park. Innen mit über 300 komfortabel ausgestatteten Zimmern, teils behindertengerecht. Mehrere Restaurants, Bars und Wellness-Einrichtungen im Haus, dazu Hallen- und Freibad.

*****Palace**, Sunny Day, Tel. 052/36 19 71 und 36 19 75, www.sunnydaybg.com. 145 luxuriöse Zimmer und Apartments mit geräumigen Balkonen direkt am weißen Strand. Mehrere Bars und Restaurants im Haus, darunter ein Fischlokal, ebenso Hallen- und Freischwimmbad mit Thermalwasser und Spa-Einrichtungen mit diversen Kurprogrammen.

Restaurants

Černomorez, Badeanstalt Morski Rai, Sv. Sv. Konstantin i Elena. Man speist auf der Terrasse über dem Meer oder im verglasten Gastraum. Die Speisekarte bietet vorzügliche Vorspeisen und Fischgerichte, dazu gute Weine.

Sirius, Sv. Sv. Konstantin i Elena, Tel. 052/36 19 32, www.shipsirius.com. Lokal am Meeresufer in Form einer hölzernen Karavelle. Angerichtet wird unter freiem Himmel ›an Deck‹ oder im ›Schiff‹, wobei dort die Kapitänskajüte der beste Platz ist. Sehr empfehlenswerte Fischküche, besonders die Vorspeisen wie sauer eingelegte Sardinen sollte man probieren.

3 Zlatni Pjasăci/ Goldstrand

Ferienhochburg mit verheißungsvoll golden glitzerndem Sandstrand am blauen Meer.

Das Resort Goldstrand, 18 km nördlich von Varna, ist eines der bekanntesten Ferienziele für Pauschalurlauber aus ganz Europa. Sie alle lieben den bis zu 100 m breiten feinen goldgelben **Sandstrand**, der hier die Küste auf einer Länge von etwa 4 km säumt.

Ab 1950 begann die bulgarische Regierung mit der Entwicklung des Resorts und die Bautätigkeit ist noch nicht abgeschlossen. Heute bieten in Goldstrand fast 100 Hotels aller Kategorien sonnenhungrigen Gästen Platz. Und dennoch hat man dank der fast tropischen Vegetation in zahlreichen Gärten und Parks nur ein kleines Stück abseits der stets lebhaften Strandpromenade keineswegs den Eindruck, sich in einer der größten Ferienanlagen des Balkans zu befinden. Angenehmerweise hält sich auch der Verkehr in Grenzen. Zwar führen mehrere (überwachte) Autozufahrten von der Küstenstraße her nach Goldstrand, aber ein Großteil der Strandpromenade – zwischen Hotel Rodina und dem nördlichen Ende – ist außer bei der An- und Abreise für den Individualverkehr gesperrt.

Im Resort und am Strand locken zahlreiche Geschäfte, Imbissbuden, Cafés und Wassersporteinrichtungen. Die Urlauber haben die Qual der Wahl unter vielfältigen Attraktionen: Katamaransegeln, Windsurfen, Wasserscooter, Tret- oder Ruderbootfahren, Bananaboat-Riding oder Parasailing. Wer es gesund liebt, besucht eine der teils warmen Thermalquellen der Umgebung, die besonders bei rheumatischen Beschwerden und allgemeinen Erschöpfungszuständen Linderung versprechen. Viele Hotels bieten entsprechende Kuraufenthalte mit ärztlicher Betreuung an.

Abends duftet es köstlich aus den Restaurants entlang der fast 3 km langen Ufer-

Goldgelber Sand und angenehm temperiertes Wasser – Ferienparadies Goldstrand

Rechts oben: *Chillen und sich Amüsieren ist das Motto von Goldstrands Nightlife Bars*
Rechts unten: *Abendlicher Lichterglanz lädt in Goldstrand zum Flanieren ein*

promenade. Wenn die Sterne funkeln, stürzen sich die meisten Gäste ins allenthalben lockende Nachtleben, Bars laden zu einem Drink ein und Diskotheken zum Tanzen. Bimmelbahnen und zu mietende Elektroroller oder vierrädrige Familienräder bringen die Vergnügungssuchenden von einem Ende der lebhaften Uferpromenade zum anderen. Kurzum: Goldstrand präsentiert sich als perfekte Urlaubs- und Unterhaltungslandschaft.

ℹ Praktische Hinweise

Information

Es gibt kein offizielles Touristenbüro. Auskünfte erhält man in Hotels und Reisebüros. www.goldensands.bg

Verkehrsmittel

Die Buslinie Nr. 409 fährt mehrmals tgl. nach Varna, Haltestellen gibt es bei den Resortein- und -ausfahrten. Dort und im Ort selbst warten auch Taxis. Einige sind Hotels zugeordnet und entrichten an diese eine Standplatzgebühr. Ihre Fahrpreise liegen daher höher.

Wassersport

Aquapolis, an der Umgehungsstraße von Goldstrand nahe Riviera Resort, Tel. 052/38 99 99, www.aquapolis.net, Juni–Sept. tgl. 10–18 Uhr. Das Badeparadies bietet Spaß für Jung und Alt mit Wasserspielen, Rutschen, Tobogans und Süßwasserbecken.

Deep Blue Diving Center, Hotel Morsko oko, Goldstrand, Tel. 088/549 12 94, www.diving-bg.com. Tauchfahrten zum Kap Chirakma, zum Kap Kaliakra, zu einer Robbenhöhle und zum Kap Šabla, an dem man Wracks der Handelsmarine aus dem Zweiten Weltkrieg sieht.

Nachtleben

Bar & Nachtclub, im Hotel Lilia, Goldstrand, Tel. 052/35 70 00, www.hotellilia.com. Die richtige Adresse für Leute, die auf qualitätvolle Drinks besonderen Wert legen. Cuba Libre etwa gibt es dort mit drei-, fünf- oder siebenjährigem kubanischem Rum.

Bonkers, Zentrum von Goldstrand, parallel zum Rodina Platz, www.disco.

bg/bonkers. Besonders bei der Jugend beliebt. Black und House Music Partys, Classic Disco und Livemusik.

Papaya, beim Hotel Vladislav, Goldstrand, Tel. 08 88/43 42 76, www.disco.bg/papaya. Zu House, Soul und Oldies wird bis in den frühen Morgen getanzt, mit Klimaanlage.

Roxy, neben Hotel Šipka, Goldstrand, www.disco.bg/roxydisco. Internationale Hits, deutsche Schlager.

Hotels

*****Grand Hotel** International, Goldstrand, Tel. 052/35 71 91, www.beachbulgaria.com/goldensands/grand-hotel-international.shtml. Direkt an der Uferpromenade mitten im Zentrum gelegen und mit seinen 14 Stockwerken als höchstes Gebäude fast so etwas wie das Wahrzeichen des Ortes. 130 komfortable Zimmer verbergen sich hinter der silbern schimmernden Fassade des Luxushotels, dazu Hallenbad, Fitness-Raum, Bar und Restaurant.

*****Riviera Beach**, Riviera Resort (südlich von Goldstrand), Tel. 052/38 68 15, www.rivierabulgaria.com. Luxushotel

Klosterromantik im Eichenwald

Landeinwärts von Goldstrand erstreckt sich im bergigen Hinterland das 1943 eingerichtete rund 1320 ha große **Priroden Reservat Zlatni Pjasăci**, einer der ersten Naturparks Bulgariens. Der Mergel-, Kalk- und Sandsteinboden ist zu 80 % mit Laubwald bzw. Laubmischwald bewachsen. Um Zerr-, Flamm- und ungarische Eichen, Silberlinden, Blumeneschen und Hainbuchen ranken sich Efeu, Stechwinde, wilder Hopfen, Schmerwurz und Waldrebe. Über den Boden kriechen Äskulap-, Pfeil- und Zornnattern sowie Schildkröten, zwischen den Zweigen zwitschern Kurzzehen- und Stummellerche, Steinkauz und Uhu, über den Wipfeln gleiten Turmfalke, Habicht und Mäusebussard.

TOP TIPP

Vom Resort Goldstrand aus sind mehrere **Wanderwege** durch den Naturpark markiert. Start ist jeweils die Bushaltestelle Panorama an der Umgehungsstraße, von wo aus die gelbe Route in 1,5 Std. zum Aladža-Kloster (s.u.) führt, die blaue in 2,5 Std. Quer durch den Naturpark verläuft die rote Tour zwischen den Dörfern Vinica und Kranevo, für die man etwa 5 Std. veranschlagen sollte.

Sowohl zu Fuß als auch mit dem Auto erreicht man das noch als Ruine beeindruckende Höhlenkloster **Aladža Manastir** (Mai–Okt. tgl. 9–18, Nov.–April Di–So 10–17 Uhr), 4 km nordwestlich von Goldstrand auf einem felsigen Höhenzug gelegen. Gleich hinter dem Kassenhäuschen zeigt ein kleines Museum ein Modell der durch Holzstiegen miteinander verbundenen Höhlen sowie Kopien heute verlorener Fresken. Um das **Museum** tönen Choräle aus verborgenen Lautsprechern. Hinter dem Gebäude führt der Weg weiter durch den Wald, nach wenigen Schritten steht man vor einer 40 m hohen **Kalksteinwand**. Metalltreppen führen zu zwei Terrassen hinauf, die den Blick auf zahlreiche Höhlen freigeben. Deutlich erkennt man Mönchszellen, Kirche, Kapelle und Wirtschaftsräume und sogar einige Grabkammern. Die teils natürlichen, teils von Menschenhand eingetieften Höhlen waren wohl schon vor der Zeitenwende bewohnt. Im 4. und 5. Jh. boten sie frühen Christen Zuflucht, bevor schließlich im 12./13. Jh. orthodoxe Mönche das mittlerweile veritable Höhlengewirr zu einem Kloster umbauten. Es bestand bis ins 18. Jh. hinein und war berühmt für seine reichen Wandmalereien, auf die sich auch der Name des Klosters bezieht, denn ›aladža‹ bedeutet ›bunt‹. Leider brach bald nach dem Auszug der Mönche durch einen Felsrutsch der vordere Teil der Höhlen ab und gab die dahinter befindlichen Räume samt den Fresken der Witterung preis.

Treppen und Stiegen führen in die Mönchswelt des Höhlenklosters Aladža Manastir

![Umrahmt vom üppigen Grün des Priroden Reservat Baltata schmiegt sich Balčik an die Küste]

Umrahmt vom üppigen Grün des Priroden Reservat Baltata schmiegt sich Balčik an die Küste

mit 160 Zimmern direkt am Strand. Hallenbad, Pool, Spa- und Wellness-Zentrum mit Thalasso-Therapie. Hinzu kommt ein vielfältiges Strand- und Wassersportangebot.

****Iberostar Obzor Beach & Izgrev**, Goldstrand, Tel. 052/38 30 00, www.ibero star.com. Großanlage mit mehreren Hundert Zimmern am ruhigeren nördlichen Ende des Goldstrandes in zwei Hotelkomplexen. Mit eigenem Kurzentrum, Frei- und Hallenbad, Sauna, mehreren Restaurants und Bars. Abends Unterhaltungsprogramm mit Animation.

Restaurants

Hotelrestaurant Oasis, Riviera Resort (südlich von Goldstrand), Tel. 052/38 68 15, www.rivierabulgaria.com. Lobenswerte Küche. An lauen Sommerabenden speist man auf der Terrasse in aller Ruhe und mit wunderbarer Fernsicht, lauscht der leisen Pianomusik aus dem Speisesaal und genießt insbesondere den hervorragend zubereiteten Schwarzmeerfisch.

Milev, Hauptstraße, Kranevo (zwischen Goldstrand und Albena),

Tel. 0579/668 68. Volkstümliches Lokal mit ausgezeichneter regionaler Küche. Bei gutem Wetter sitzt man unter der Trauerweide im Vorgarten neben dem Springbrunnen, isst Fleisch vom Grill wie z. B. Kebabčeta und delektiert sich am vorbildlichen Weinkeller. Für die Kinder gibt es eine Rutsche und eine Schaukel.

4 Albena

 Kur- und Tourismuszentrum mit 5 km langem Superstrand.

Die Bucht von Albena säumt ein 5 km langer **Sandstrand**, der mit bis zu 150 m zu den breitesten der ganzen Schwarzmeerküste gehört. Hier geht es gemütlicher zu, nicht ganz so umtriebig wie am Goldstrand. Deshalb und auch nicht zuletzt wegen seines ganz flach ins Wasser abfallenden Ufers ist Albena besonders für Familien mit Kindern gut geeignet. 15 000 Hotelbetten in über 40 Hotels, Bungalow-Anlagen und All-Inclusive-Clubs sowie drei Zeltplätze stehen den Gästen zur Verfügung.

Die Gebäude sind locker entlang der Küste verteilt und tief ins Land hinein gestaffelt. Dazwischen sorgt reichlich Grün für eine parkähnliche Kulisse. Eine Besonderheit Albenas sind die in der ersten Reihe stehenden in Form von Stufenpyramiden gebauten Hotels, die 10–15 Stockwerke hoch aufragen. Die entlang der Küste verlaufende Strandpromenade ist dicht besetzt mit kleinen Kiosken, an denen allerlei Snacks und Souvenirs angeboten werden. Außerdem kann man sich in Kostümen aus dem 19. Jh. fotografieren lassen, Scherenschnitte des eigenen Profils oder Porträts in Kreide, Öl oder Aquarell bestellen.

Zudem bestechen die vielfältigen Sportmöglichkeiten. Allein drei Fußballstadien mit Sitzplätzen für 1000–4000 Zuschauer und vier Fußballfelder locken oft nationale und internationale Teams hierher. Mehrere Tennisplätze, eine Reitbahn, diverse Sportveranstaltungen wie Bogenschießen, Beachvolleyball und natürlich Fußball lassen keine Langeweile aufkommen. Auch die Wassersportmöglichkeiten sind vielfältig: Wasseraerobic,

Paragliding, Scooter, Banane, Tretboot, Windsurfen und Wasserski – hier kann jeder Urlauber nach seiner Fasson glücklich werden.

Der Name Albena geht übrigens auf eine **Romanfigur** des bulgarischen Schriftstellers *Jordan Jovkov* (1880–1937) zurück, eine Dame, die in der Literatur des Landes heute für Reinheit und Schönheit steht. Auch für diesen Ferienort scheint der Name zu passen. Das Resort liegt nämlich inmitten einer üppig grünen Waldlandschaft. Sie gehört zum 200 ha großen Naturschutzgebiet **Priroden Reservat Baltata**, das den für Nord-osteuropa typischen Eichen- und Ulmenwald schützt. Es liegt in der großen Flussschleife der Batova, an deren Ufer man hochbeinige Watvögel wie Stelzenläufer und Bekassine beobachten kann.

i Praktische Hinweise

Information

Es gibt kein offizielles Touristenbüro. Auskünfte erhält man in Hotels und Reisebüros. www.albena.bg

*Schön flach ist das Ufer bei Albena –
ideal für einen erholsamen Familienurlaub*

gen höchstes Haus des Resorts, 5 Gehminuten vom Strand entfernt. Die Zimmer sind nach internationalen Standards ausgestattet. Mehrere Restaurants und Bars im Haus. Großes öffentliches Kurzentrum mit ärztlicher Betreuung, Balneo-, Elektro-, Laser- und Luminotherapie, Beauty Center, 30 °C warmes Thermalwasser, Hallenbad.

***Villas Vita Park, Albena, Tel. 0579/ 622 82. Modern gestaltetes Haus mit 375 Zimmern, ca. 1 km vom Strand entfernt, das mit seinem vielfältigen Unterhaltungsangebot vor allem Familien und Jugendliche anspricht. All-inclusive-Klub mit Unterhaltungsangebot für Familien und Jugendliche. Mit Freibad.

Restaurant

Ciel bleu, im Hotel Dobrudža (17. Etage), Albena, Tel. 0579/625 04. Die Panoramafenster erlauben eine fantastische Aussicht über Albena und die Küste. Die Küche ist international, das Personal zuvorkommend und die Gerichte wie das Steak au Poivre sind ausgezeichnet.

Nachtleben

Gorski Tzar Night Club, beim Zeltplatz Gorska Feya im Süden von Albena, Tel. 088/762 31 97. Open-Air-Disco im Wald, lockt ab 23 Uhr Jugend zum Abtanzen.

Hotels

****Malibu, Albena, Tel. 0579/622 79, office@albena.bg. 150 Zimmer auf zwei Gebäude verteilt, wenige Meter vom Strand. All-inclusive-Club mit Freibad, 200 m vom Strand.

***Borjana – Nona – Elitsa, Albena, Tel. 0579/629 92, albenad@albena.bg. Drei zu einem Komplex zusammengefasste Hotels direkt am Strand. Sie sind die berühmten ›weißen Pyramiden von Albena‹, die als Erkennungszeichen der Bucht dienen. Zum Anwesen gehören zwei Freibäder, diverse Restaurants und Bars. Die Zimmer sind geräumig und modern gestaltet, auf den Balkonen kann man die Dämmerung mit Blick über das Meer angenehm genießen.

***Dobrudža, Zentrum, Albena, Tel. 0579/ 620 20, dobrudza@albena.bg. Mit 17 Eta-

5 Balčik

Die weiße Terrassenstadt am Meer birgt die von einem Park gerahmte Sommerresidenz einer Königin.

Auf der Küstenstraße über dem Meer nähern sich Besucher der ›weißen Stadt‹, die von den 100 m hohen Kalkfelsen des *Dobrudža-Plateaus* überragt wird. Im 12 000 Einwohner zählenden Balčik sollte man zunächst durch das Gewirr der Straßen hangabwärts den drittgrößten **Hafen** des Landes ansteuern, denn von hier aus lässt sich der Ort sehr schön erkunden. Alternativ bietet sich der große Parkplatz am oberen Eingang des Botanischen Gartens, der sich oberhalb des Hafens erstreckt, als Startpunkt an.

Geschichte   Auf altem thrakischen Siedlungsgebiet entstand um 600 v. Chr. die griechische *Polis Kruni*, die ›Stadt der Quellen‹, was auf Thermalquellen schließen lässt. Später nannte sich der Ort nach dem griechischen Gott des Weines *Dionysopolis*. Die Einwohner trieben ertragreichen Handel mit anderen Städten am

Einladung zum Spaziergang durch den prächtigen Botanischen Garten von Balčik

Schwarzen Meer und im Hinterland, auch als ihre Stadt ab 395 zu Byzanz und ab 679 unter dem Namen *Karvuna*, ›die Gastfreundliche‹, zum Zweiten Bulgarischen Reich gehörte. Mit dem Einfall der Türken Ende des 14. Jh. verlor die Hafenstadt zunächst an Bedeutung, stieg aber rund 200 Jahre später wieder zum regionalen Handelszentrum auf. Hier lebten damals Menschen aus aller Herren Länder. 1878 eroberte General *Nikola Janev* die Stadt für die Bulgaren, doch schon 1913 fiel nach dem dritten Balkankrieg die gesamte Region an **Rumänien**. So kam es, dass sich die rumänische Königin Marija hier 1924 ein Schloss errichten ließ, das noch heute mit seinem ausgedehnten Park und weiten Ausblicken über das Meer bezaubert. 1940 kam Balčik endgültig zurück zu Bulgarien – gegen einen Kaufpreis von 7000 Leva.

Besichtigung   Vom Parkplatz führt eine kurze, von zahlreichen Geschäften und Restaurants gesäumte Straße hinunter zum **Botaničeski Sad**, dem Botanischen Garten. Er erstreckt sich auf 10 ha rund um das aus mehreren Gebäuden bestehende Schloss, kurz **Grad** (Tel. 0579/720 58, sommers tgl. 8–20 Uhr, winters tgl. 8–18 Uhr) genannt, und reicht bis zum Meer. Die Schlossanlage ent-

stand 1924 als Sommerresidenz für die damals 47-jährige rumänische Königin Marija. Als die Monarchin 1938 starb, wurde ihr Herz in einer Urne beigesetzt. In der *Kapelle* des Schlossparkes ruhte sie aber nur zwei Jahre. Nach der Rückgabe Bal-

Wahrhaft königliche Ausblicke auf Garten und Meer bietet das Schloss von Balčik

čiks an Bulgarien nahmen die abziehenden Rumänen die Urne mit in ihre Heimat. Der *Park* wurde nach Plänen des Schweizers Jul Jani auf Terrassen angelegt und dabei alter Baumbestand aus Eichen, Ulmen und Zypressen integriert. In ihrem Schatten errichteten die italienischen Architekten Augusto und Amerigo mehrere kleinere Schlossgebäude. Ihr Baustil ahmt orientalische Vorbilder fantasievoll nach und setzt so reizvolle Akzente. Im Park führen breite Wege, schmale Pfade, Brückchen und gewundene Treppenläufe zwischen Natursteinmauern hindurch, kleine Wasserläufe betreiben *Mühlen* mit schweren Steinrädern. Das augenfälligste Gebäude ist das ›**Stille Nest**‹ im unteren Teil des Parks, ein ziegelgedecktes Natursteinhäuschen in sehr schöner Lage auf einem Felsen über dem Meer mit weiß getünchtem vorkragenden Obergeschoss und einem schlanken minarettartigen Turm. Obwohl der Schlosskomplex ein wenig zusammengewürfelt wirkt, erweist er sich doch als stimmiges, für den Balkan typisches Ensemble.

Heute pflegt das Botanische Institut der Universität Sofia den Park als Botanischen Garten. Hier gedeihen Pflanzen aus aller Welt, insgesamt über 2000 Arten aus 800 Gattungen und 85 Familien. Beachtenswert sind besonders die **Kakteen**, die mehrere Meter Höhe erreichen.

Nach dem Rundgang kann man den unteren Parkausgang benutzen, der auf die Strandpromenade führt. Auf ihr bietet sich ein Spaziergang nach Osten zum Hafen von Balčik an. Nach etwa 2 km gelangt man zu einigen Restaurants, die auf Pfählen am Ufer stehen. Dann hält man sich links und geht hinauf ins Zentrum mit den Museen der Stadt. Unweit des zentralen Stadtplatzes stellt das Ethnografische Museum, **Etnografski Musej** (Ul. Dimitra Šelev 3, Tel. 05 79/721 77, Mo–Fr 9–12 und 14–17 Uhr), in einem Wiedergeburtshaus das traditionelle Handwerk und typische Trachten vor. Gegenüber im Historischen Museum, **Istoričeski Musej** (Pl. Nezavisimost 1, Tel. 0579/721 77, Mo–Fr 8–12 und 14–17.30 Uhr), sind archäologische Funde der Region aus der griechischen Gründungszeit zu sehen: Statuen aus Marmor und Bronze, Vasen sowie eine numismatische Sammlung. Weiter nach Süden den Hang hoch, den Klippen entgegen, erreicht man die zwei Bauten des **Kušta Musej** (Ul. Christo Botev 4, Tel. 0579/740 86, Mo–Fr 8–12 und

Als Inbegriff des Morgenlandes gibt sich das ›Stille Nest‹ am Strand von Balčik

14–17.30 Uhr), des *Museums der Bulgarischen Wiedergeburt*: In dem früheren Schulgebäude ist noch die Originaleinrichtung des 19. Jh. zu sehen, und die aus dem Jahr 1845 stammende Kirche Sv. Nikola bewahrt in ihrem Inneren einige schöne Ikonen der Schulen von Trjavna und Samokov.

Ausflüge

5 km östlich von Balčik lockt das kleine Kurbad **Tuzlata** mit seinem heilkräftigen salzhaltigen Heilschlamm, der besonders bei Nerven- und Frauenleiden wahre Wunder wirken soll.

Nicht weit davon bietet an der Weißen Lagune der Komplex **Šatra** neben einem Restaurant mit traditioneller Küche ein ethnografisches Freilichtmuseum mit Töpfer-, Weber- und Holzschnitzerwerkstätten. Auf dem Gelände finden oft Folkloreveranstaltungen und Feuertänze statt. Strände laden zum Baden ein.

ℹ Praktische Hinweise

Hotels

*****Bjala Kašta**, Ul. Geo Milev 18, Balčik, Tel. 0579/738 22. Kleines modernes Hotel an der Strandpromenade unweit des Hafens. 16 klimatisierte Zimmer, das

Mit Seehandel und Piratenwesen hat man es im Meeresmuseum von Kavarna zu tun

›Weiße Haus‹ bietet zudem ein Kaminzimmer und ein Restaurant.

*****Valeo**, Ul. Samara 6, Balčik, Tel. 05 79/770 29, www.hotelvaleo.com. An der Promenade liegend, unterkühltes Styling, modern eingerichtete Zimmer und Studios mit Meerblick.

Restaurant

Korona, unterhalb des Schlossparkes, Balčik, Tel. 05 79/768 47. Die Gäste sitzen auf versetzt angeordneten Terrassen mit Blick aufs Meer und genießen bulgarische Spezialitäten wie Fisch vom Grill.

6 Kavarna

Rote Steilküste über tiefblauem Meer.

Das 11 000-Einwohner-Städtchen liegt an einem landschaftlich außerordentlich schönen wildromantischen Abschnitt der bulgarischen Küste, etwa 3 km landeinwärts von seinem Hafen, der eine felsige Bucht einnimmt. Urlauber kennen Kavarna vor allem als Station auf dem Weg zum Kap Kaliakra und seiner bis zu 70 m hohen Steilküste aus rötlichen Kreidefelsen.

Geschichte Kavarna wurde unter dem Namen Bisone im 6. Jh. v. Chr. von den Thrakern als Handelshafen gegründet. Im 1. Jh. v. Chr. riss ein Erdbeben die Stadt ins Meer. Die Überlebenden bauten sie wieder auf, diesmal aber etwas weiter im Landesinneren. Im 13. Jh. zerstörten die Tataren die damals byzantinische Stadt, Osmanen eroberten sie 1393. Kurz vor den Russisch-Türkischen Kriegen des 19. Jh. rebellierten die Einwohner von Kavarna gegen die Türken, doch Baschi-Bosuks – gut bewaffnete Freischärlertruppen – schlugen die Erhebung blutig nieder und töteten 1200 Menschen. In den ruhigeren Zeiten nach 1877 entwickelte sich Kavarna zu einem Fischereihafen und kurzzeitig sogar zu einem landwirtschaftlichen Zentrum in den Ebenen der Dobrudža, auf deren Feldern Weizen, Mais, Sonnenblumen, Obst, Wein und Gemüse gedeihen.

Besichtigung Immerhin zwei Museen hat das verschlafen wirkende Kavarna zu bieten: Das Meeresmuseum **Primorski** Musej (Ul. Sava Gantšev, Mo–Fr 9–12 und 14–17 Uhr) im ehem. Türkischen Bad dokumentiert die wechselvolle Geschichte des Landstrichs unter besonderer Berücksichtigung der Seefahrt. Dagegen steht das städtische Leben im Mittelpunkt der ethnografischen Sammlung des **Etnografski Musej** (sommers Mo–Fr 8–12 und 14–18, winters 9–12 und 13–17 Uhr), das auch Kunst und Kunsthandwerk zeigt. Das schöne Gärtchen um das Haus lädt zu einer Rast ein.

Von dem etwa 110 m hohen Hügel **Chirakman** über dem Hafen von Kavarna genießt man eine großartige weite Sicht über die zerklüftete Küstenlinie. Hier oben finden sich noch Reste von Befestigungen aus dem 5. Jh. v.Chr. sowie von byzantinischen Verteidigungsanlagen, einer Basilika aus derselben Zeit und eines mittelalterlichen Forts.

Kap Kaliakra

Eine gute, doch schmale Straße führt von Kavarna an der Küste entlang nach Osten zum 12 km entfernten Kap Kaliakra. Auf halbem Wege markiert der Ort **Balgarevo** den Eingang zum Schutzgebiet rings um das Kap. An einem Tor entrichten Besucher die Eintrittsgebühr, daneben steht ein kleiner Informationskiosk. Es geht nun durch grüne Wiesen hinaus zum Kap, das man erreicht hat, sobald man das weiße schmal und hoch aufragende Denkmal am Wegesrand sieht, das an die heldenhaften ›**40 Jungfrauen von Kaliakra**‹ erinnert. Sie lebten der Sage nach im 15. Jh., als noch eine bulgarische Festung das Kap krönte. Doch die Türken eroberten das Bollwerk und töteten alle dort lebenden Männer, Frauen und Kinder. Nur 40 junge Mädchen verschonten die Soldaten, um sie dem Harem des Paschas zuzuführen. Doch die Mädchen banden ihre Zöpfe aneinander, hielten sich an den Händen und sprangen gemeinsam von der Kapspitze in den Tod.

Die zahlreichen Ruinen, die man heute auf dem Hochplateau des Kaps sieht, sind teilweise allerdings deutlich älter: Bereits im 4. Jh. v.Chr. zur Zeit des Lysima-

Ruinenromantik am Kap Kaliakra – die einst stolze Festung Tirisis

Der Sonne entgegen

An der Küste östlich von Kavarna führt vom Dorf Kamen Briag eine 1,5 km lange Stichstraße an den oberen Rand der teils felsigen, teils grünen Steilküste zum archäologischen Reservat **Archeologičeski Reservat Jajlata**. Auf dem Plateau und in den steilen Klippen befinden sich die Überreste von mehr als 100 in den Fels gehauenen thrakischen Gräbern. Sie sind allesamt nach Osten, zur aufgehenden Sonne hin, ausgerichtet. Die

Besonders schön ist der Panoramablick von Jajlata aus über die Steilküste

ältesten Grabstätten stammen aus dem 5. Jh. v.Chr., ein Altar in ihrer Mitte ist jüngeren Datums. In unmittelbarer Nähe öffnen sich zwischen den Klippen mehrere Höhlen, die vermutlich bereits von den Thrakern, sicher aber im Mittelalter von Mönchen als Wohnstätten genutzt wurden, woran einige in den Stein geritzte Runen und Kreuze erinnern.

Das hoch über dem Meer gelegene und von kühlendem Wind umfächelte Jajlata ist nicht nur für archäologisch Interessierte ein empfehlenswertes Ziel. **Naturfreunde** können auf Spaziergängen durch das Reservat die für die Region typische bulgarische Steppe näher kennen lernen. Mit etwas Glück bekommt man sogar seltene Tiere zu Gesicht wie den Rumänischen Hamster oder verschiedene Iltisarten, vor allem aber zahlreiche Vögel wie Kalender- und Haubenlerche, Grau- und Kappenammer, Uhu, Wiedehopf, Rotrückenwürger oder Blassspötter.

Auf Kap Šabla steht der älteste Leuchtturm des Landes

chos, eines der Nachfolger Alexanders des Großen, bewachte hier eine Festung mit Namen *Tirisis* die felsige höhlenreiche Küste. Die Römer nannten sie später Tetrasiada, die Byzantiner Akre. Heutige Besucher fahren nach einer letzten engen Kurve noch durch einen steinernen Bogen und befinden sich dann zwischen zahlreichen Mauerresten und Ruinen, den einzigen Überbleibseln der uralten Anlagen, in spektakulärer Lage 70 m über dem Meer.

In einer der natürlichen Höhlen nahebei serviert ein Restaurant Fischgerichte und Wein. Mit ein wenig Glück kann man während des Essens Delphine beobachten, die elegant aus dem Meer emporspringen.

Das **Naturschutzgebiet** um Kap Kaliakra zieht sich die Küste entlang weiter nach Nordosten. Von Balgarevo führt eine schmale Straße zunächst etwa 2 km parallel zur Küste durch üppiges Grün mit hoch wachsenden Gräsern und dichten Sträuchern, bevor sie vom Plateau durch ein Tal zum Meer hinabläuft. Dort endet sie an der kleinen, tief in den Fels geschnittenen Bucht von **Bolata** mit nettem Sandstrand, einem Kiosk und einigen aufs Ufer gezogenen oder in der Bucht dümpelnden Fischerbooten – ein hervorragender Picknick-

platz. Für Vogelfreunde lohnt es sich, das Tal zu Fuß weiterzuverfolgen. Nach wenigen Minuten ist der See von **Taukliman** erreicht. An seinen sumpfigen Ufern sieht man zwischen den Bäumen Uhu und Adlerbussard, Schmätzer und Olivenspötter sowie im Frühjahr und Herbst viele weitere rastende Zugvögel.

Šabla

Je mehr man sich der rumänischen Grenze nähert, desto ländlicher wird die Gegend, naturbelassene Landschaftsschutzgebiete wechseln sich mit Feldern ab, die winzigen Dörfer am Meer sind nur vereinzelt mit modernen Ferienhäusern bulgarischer Städter durchsetzt. Am vergleichsweise flach auslaufenden Kap **Šabla** steht der älteste Leuchtturm des Landes und blitzt rot-weiß über das Meer, in der Nähe erkennt man die Ruinen eines **byzantinischen Forts** aus dem 4. Jh.

Mehrere Seen in der Region sind **Vogelschutzgebiete**, etwa die von Šabla oder dem 15 km entfernten *Durankulak*. An diesen Gewässern kann man das ganze Jahr über ausgezeichnet Vögel beobachten, etwa Watvögel wie Säbelschnäbler und Stelzenläufer oder Enten, Weihen und Falken (Informationen über Führungen in Šabla, Tel. 0578/2063). Be-

Verträumte Romantik in der versteckten Bucht von Bolata am Fuß der Steilküste

sonders lohnt sich ein Besuch, wenn im Frühjahr und Herbst Hunderttausende von Zugvögeln an den Seeufern rasten. Manche überwintern hier auch, zum Beispiel 60 000 Rothalsgänse, die größte europäische Kolonie dieser Tiere.

ℹ️ Praktische Hinweise

Information

Informationszentrum Kaliakra, Balgarevo, Tel. 057 44/4 24, www.kapkaliakra.info. Broschüren zu Kaliakra, Fahrradvermietung und Zimmervermittlung.

Tauchen

Black Sea Scuba, Tel. 089/730 03 67 oder 088/567 04 75, www.blackseascuba.com. Die BSAC-Tauchschule bietet Kurse von Anfänger bis hin zum Divemaster. Erfahrene Taucher fahren ans Kap Šabla, vor dem rund 70 Schiffe aus dem Zweiten Weltkrieg in 24–33 m Tiefe liegen. Außerdem gibt es dort antike Steinanker und Galeeren neben U-Booten des 20. Jh. zu entdecken.

Hotels

*****Janica**, bei Krapec (25 km nördlich von Kap Kaliakra), Tel. 057/493 25. Mit seinen 25 Zimmern wirkt das Ferienhotel geradezu familiär. Es liegt direkt am betonverstärkten Uferdamm, bietet einen beheizbaren Meerwasserpool und von den meisten Zimmern einen schönen Blick aufs Wasser.

*****Russalka Elite**, zwischen Balgarevo und Kamen Briag, Tel. 02/96 242 15, www.russalka-holidays.com. Das 600 Villen umfassende Resort liegt in einem Eichenwäldchen des Vogelschutzgebiets Tauk Liman am Meer. Der Club ist für sein Sportangebot und das Animationsprogramm bekannt. Er verfügt über mehrere Restaurants, Tennisplätze, eine Reitschule, Mountainbike-Vermietung und eine Tauchbasis. An seinem felsengesäumten Sandstrand bietet er zahlreiche Wassersportmöglichkeiten.

7   Kamčia

Bootsfahrten durch dichtes Urwaldgrün im Mündungsdelta der Kamčia.

Südlich von Varna beginnen schon die felsigen Ausläufer des Balkan-Gebirges. Hier nimmt die Küstenstraße E 87 etwas Abstand vom Meer und windet sich landeinwärts durch grüne, dicht bewaldete Hügel. Etwa 25 km südlich von Varna kreuzt sie den Lauf der *Kamčia*, des mit

180 km längsten Flusses Bulgariens. Nach Osten zur Küste hin erstreckt sich das 842 km² große Naturschutzgebiet **Priroden Reservat Kamčia**, das den Kernbereich des rund 5000 ha großen waldreichen Mündungsdeltas des Flusses umfasst. Unmittelbar an der Einmündung des Hauptarmes ins Meer liegt in der Uferebene das nach der Kamčia benannte Feriendorf. Es bietet ruhige einfache Hotels und einige Restaurants abseits des Rummels der anderen großen Strandresorts.

Die Kamčia war bei den alten Griechen als Panyssos bekannt. Im Mündungsdelta fächert sich der Fluss in mehrere Arme auf, deren Ufer von dichter Waldvegetation, **Longos** genannt, bestanden sind. Mehr als 40 Arten uralter Bäume, darunter Eichen und Kastanien, sowie viele Schlingpflanzen bilden hier einen wahren Urwald. Die Tierwelt ist ebenfalls außerordentlich reich, tummeln sich hier doch Wildschweine und Hirsche ebenso wie Frösche und Schildkröten.

Am0 Flussufer zwischen Hauptstraße und Resort Kamčia kann man eine Fahrt mit dem Motorboot durch das Halbdunkel der von Lianen umwundenen, jahrhundertealten Baumriesen im Schutzgebiet unternehmen. Die Tour dauert 40 Min., wer will kann sich auch ein Tret- oder Ruderboot mieten und das *Wasserlabyrinth* auf eigene Faust erkunden.

Noch ist von trubeligem Ferienleben wenig zu spüren am Luna-Strand bei Bjala

8 Obzor

Sommertraum zwischen Varna und Burgas: Sonnenheller Sandstrand, blaues Meer, und vom Balkan weht ein laues Lüftchen.

2400 Bewohner zählt **Obzor** heute, das bereits im griechischen Altertum als *Heliopolis*, als ›Stadt der Sonne‹, später unter dem römischen Namen *Templum Jovis* bekannt war. Über 8 km zieht sich hier der perfekte strahlend helle Sandstrand an der lang gestreckten Bucht zwischen Kap Sv. Atanas und Emona-Gebirge hin. Auch in der Hochsaison ist er lediglich im Stadtgebiet gut besucht, etwas außerhalb findet man bald ein Fleckchen ganz für sich allein.

Entlang der ortsnahen Küste bieten nur wenige Hotels Unterkunft – wer nach Obzor kommt, will in erster Linie entspannen. Auch an Sehenswürdigkeiten sind lediglich die wenig spektakulären Fundamente eines römischen Jupitertempels im Stadtpark zu nennen. Weiter südlich sind inzwischen größere Hotelkomplexe entstanden, die inmitten schöner Wälder und abgeschieden von Ferienrummel, erholsamen Badeurlaub ermöglichen.

Ausflüge

6 km nördlich von Obzor liegt das Städtchen **Bjala**, ein Weinanbauzentrum mit properen Häuschen, deren gepflegter Zustand den Wohlstand der hiesigen Bauern und Winzer erkennen lässt. An Bjalas Küste empfängt das luxuriöse *Byala Beach Resort* (www.byalabeachresort. com) seine Gäste.

Im Süden endet der Strand von Obzor zunächst nach etwa 5 km beim Kap Mona Petra, dahinter setzt er sich, immer wieder von Felsen unterbrochen, unter dem Namen **Irakli** noch einmal 8 km bis zum strauchbewachsenen, schroffen **Kap Emine** fort. Dieser südwestliche Ausläufer des Balkan-Gebirges gilt als der stürmischste Bereich der ganzen Schwarzmeerküste.

ℹ **Praktische Hinweise**

Hotels

******Paraizo**, Ul. Chernomorska 16, Obzor, Tel. 05 54/332 90, www.paraizo.journey.bg. Sehr ruhiges Hotel direkt am Strand mit 40 großen Zimmern und kleinem Pool. Freundliches und um die Gäste bemühtes Personal. Schirme und Liegen am Strand müssen extra bezahlt werden.

**Guest House Drazhev, Ul. Rila 3, Obzor, Tel. 556 33069, www.obsor.net. Angenehmes, familiär geführtes Anwesen im Zentrum des Ortes mit 14 Zimmern und kleinem Hof mit Pool.

9 Priroden Reservat Srebărna

Kinderstube unzähliger Vogelarten und von der UNESCO zum Weltnaturerbe erhoben.

In allen Urlaubsorten an der nördlichen Schwarzmeerküste bieten Hotels und Reisebüros Ausflüge ins Landesinnere an. Eine empfehlenswerte Tour führt über das Grenzstädtchen Silistra im **Donaudelta**, 150 km nordwestlich von Varna, zum weitere 20 km westlich gelegenen See von Srebărna. Dieser **Ezero Srebărna** ist eigentlich ein 600 ha großer, von Schilf umstandener alter Seitenarm der Donau. Mehr als 190 Vogelarten brüten hier, darunter mehrere Pelikanarten, etwa der vom Aussterben bedrohte Krauskopfpelikan, und sechs Reiherspezies. 80 weitere Arten kommen im Frühjahr und Herbst auf der Migrationsroute Via Pontica vorbei. Nord- und Polarseetaucher, Zwerg-, Rothals-, Schwarzhals- und Haubentaucher, Kormoran, Zwergscharbe, Nashornpelikan, Rohrdommel, Gänse, Enten, Weihen, Adler, Schwalben und Spechte sind nur einige der vielen Vögel, die am See ein Zuhause finden. Zu den hier lebenden Säugetieren zählen Füchse, Dachse und Schwarzwild. 1948 wurde der See zum Naturreservat ernannt, 1977 von der UNESCO zum besonders schützenswerten Biosphärenreservat, 1984 schließlich als **UNESCO Weltnaturerbe** geadelt.

Die Hauptstraße Silistra–Ruse führt südlich und nördlich am Naturschutzgebiet vorbei. Vor der Gabelung kann man von einer **Parkbucht** aus einen ersten Blick auf die Landschaft aus Schilf und Wasser werfen, in der fast immer ein vielstimmiges Vogelkonzert erklingt.

Ein zweiter Aussichtspunkt auf den See befindet sich in dem kleinen Naturkundemuseum, das sich auf einem Hügel am Rand des Ortes Srebărna befindet. Dieses **Musej** (tgl. 9–12 und 14–16 Uhr) zeigt auf zwei Etagen in Schaukästen eine große Auswahl präparierter, im Schutzgebiet vorkommender Vögel und Säugetiere in ihrer sorgfältig nachgebildeten natürlichen Umgebung. Durch große Panoramafenster blickt man auf die idyllische Landschaft. Mit dem Wagen oder zu Fuß geht es zur Vogelbeobachtung am Rande des Reservates entlang und hinein. Weit erstreckt sich die Wasserfläche, am Ufer mit Ried und Schilf bewachsen, das ein morastiges, für Vögel vorzüglich geeignetes Habitat bietet. Im Museum stehen starke Ferngläser zur Verfügung, sodass Birder voll auf ihre Kosten kommen.

i Praktische Hinweise

Hotel

**Pelican Lake Guesthouse, 250 m vom Museum, Petko Simov 16, Srebărna, Tel. 086 77/23 22, www.srebarnabirding.com. Kleine Privatpension von englischsprachigen Vogelkundlern, auch Abendessen, Lunchpakete, Führungen durch das Reservat.

10 Sveštari

Künstlerisch beeindruckendes Grabmal aus der thrakischen Frühzeit Bulgariens.

Bei Isperih, einer Kleinstadt 75 km südwestlich von Silistra, lohnt am westlichen Ortsrand das in Gewölben unter einem Erdhügel verborgene und erst 1982 entdeckte Grabmal von Sveštari einen Besuch. Dieses **Trakijsakata Carska Grobnica Kraj S. Sveštari** (März–Nov. Mi–So 9.30–17.30 Uhr, falls dennoch geschlossen Kontakt über Historisches Museum, Istoričeski Musej, Ul. Car Osvoboditel 6, Isperih, Tel. 083 31/47 83) stammt aus dem 3. Jh. v.Chr. und gehört zu den besterhaltenen Zeugnissen aus thrakischer Zeit in ganz Bulgarien. Als solches wurde es 1985 zum **UNESCO Weltkulturerbe** gekürt.

Links: *Ein Rosapelikan, übrigens nur zur Brutzeit rosafarben, im Tiefflug über dem Wasser*
Unten: *Ernst und würdevoll stützen zehn Frauenfiguren mit erhobenen Händen die Decke des thrakischen Grabmals von Sveštari*

Weit sieht man von der Festung Šumenska Krepost über Umland und die Stadt Šumen

Besucher treten durch eine automatische Stahltüre ins klimatisierte Hügelinnere. Ein 4 m langer übermannshoher Korridor, von dem links und rechts je eine Seitenkammer abzweigt, führt geradeaus zur quadratischen 4,55 m hohen Hauptkammer, dem eigentlichen Grab. Es ist aus hellen Kalksteinquadern errichtet, ein Tonnengewölbe bildet die Decke. Bemerkenswert sind die zehn lebensgroßen *Frauenfiguren*, die in die Wände ringsum gemeißelt sind. Ihre erhobenen Hände scheinen abwechselnd mit glatten Halbsäulen den geometrisch ornamentierten Fries zu stützen, der unterhalb der Decke verläuft. Das Gewölbe war einst vollständig ausgemalt, die Fresken sind aber nur noch zu erahnen, so an der Wand der Hauptkammer, an der eine Reiterszene abgebildet ist.

Da die Grabstätte wohl bereits kurz nach Fertigstellung geplündert wurde, sind keine Schätze gefunden worden. Die Hauptkammer enthielt bei Öffnung lediglich die Gebeine zweier Menschen, eines Mannes und einer Frau, sowie einige Grabbeigaben. Erhalten blieb jedoch das einzige intakte Grab dieser Art aus dem 3. Jh. v. Chr. Seine klaren architektonischen Linien, die Malerei und der Reliefschmuck gelten als exemplarisch für diese thrakische Periode, in der hellenistische Einflüsse das Kunstschaffen prägten. Vermutlich wurde das Grab für einen König und seine Gattin errichtet, vielleicht sogar für den thrakischen Herrscher Dromiheit. Er wurde Berichten des antiken Historikers Diodor zufolge um 300 v. Chr. von Lysimachos, einem der Nachfolger Alexander des Großen, in einer Schlacht besiegt.

Aus konservatorischen Grümnden ist die Aufenthaltszeit in der Grabkammer begrenzt, jeder Besucher darf sich nur 10 Min. hier verweilen. Längeres Bleiben würde die Luftfeuchtigkeit verändern und dem Bau schaden.

11 Šumen

Die Stadt am Fuße laubwaldbestandener Hügel hat schöne Wiedergeburtshäuser und eine prächtige Moschee zu bieten.

Nur knapp 100 km sind es auf der gut ausgebauten Autobahn A2 von Varna nach Šumen (120 000 Einw.), einer geschäftigen **Industriestadt** am südlichen Rand der Donauhochebene. Wie ein nach Osten hin offenes Hufeisen legt sich das *Plateau von Šumen* um die Stadt. Die ausgedehnten Eichen- und Tannenwäl-

Das Musikgenie Orpheus war ein Thraker – griechische Vasenmalerei, um 450 v. Chr.

Sänger und Kämpfer

Die Thraker gehörten zu den indogermanischen Völkern und besiedelten im 2./1. Jt.v.Chr. den südlichen Balkan sowie die angrenzende Schwarzmeerregion, etwa im Bereich des heutigen Dreiländerecks Bulgarien, Türkei und Griechenland. Sie setzten sich aus zahlreichen autonomen **Stämmen** wie Dakern, Geten und Odrysen mit jeweils eigenem König zusammen. Nur ein Mal, in der Zeit um 450 v.Chr., gelang es dem Odrysenkönig Teres, die thrakischen Stämme zu einem **Reich** zu vereinen, das aber 342 v.Chr. von den Makedonen erobert wurde.

Ausgrabungen sowie Berichte des griechischen Geschichtsschreibers Herodot deuten darauf hin, dass die thrakischen Stämme eine **bäuerliche Lebensweise** mit Ackerbau und Viehhaltung bevorzugten. Daneben galten Pferdezucht und Jagd als wichtige und ehrenvolle Beschäftigungen. Die große Bedeutung von Pferden spiegelt sich auch in den Grabmälern wieder, denn rings um die eigentliche Grabstätte wurden häufig die Lieblingsrösser des oder der Toten beigesetzt.

Kulturell wurden die Thraker ab dem 7. Jh. v.Chr. stark durch die griechischen Siedler an der Schwarzmeerküste sowie im 4. Jh. v.Chr. durch die Eroberer Philipp und Alexander der Große geprägt. Das kommt z. B. in der hellenistischen Ausgestaltung der damaligen Gräber zum Ausdruck. Überliefert sind der Dionysos-Kult und ein besonders ekstatisches Verhältnis zur Musik. Wenig verwunderlich, dass der **Orpheus-Mythos** im Thrakien des klassischen Altertums seinen Ursprung hat. Auch waren die Thraker für ihre wilde Kampfeslust bekannt, was sie in Rom zu begehrten Gladiatoren machte. **Spartakus**, der Führer des berühmten Sklavenaufstands von 73 v.Chr., war ebenfalls Thraker.

Unter der Herrschaft von Makedonen, Römern und Byzantinern wurden die Thraker kulturell weitgehend **assimiliert**, mit der slawischen Einwanderung um das 6./7. Jh.n.Chr. ging auch ihre Sprache verloren. Zeugnisse des Thrakischen sind kaum erhalten, allerdings weisen Ortsnamen mit der Endung -*para* oder -*bria* wie Menabria (heute Nesebär) auf einen thrakischen Ursprung hin.

der stehen unter Naturschutz und sind ein beliebtes Wochenendziel der Städter für Spaziergänge, Wanderungen oder ein Picknick.

Geschichte Im 5. Jh. v.Chr. errichteten die Thraker auf einem Gipfel über dem heutigen Šumen die erste Festung, ihnen folgten an derselben Stelle Römer (2. Jh.), Byzantiner (4. Jh.), Bulgaren (8. Jh.) und Türken (14. Jh.). Dazwischen wurde im 10. Jh. auf Anordnung von Zar Simeon (864–927) die Stadt zu Füßen der Festung gegründet. Schriftlich erwähnt sie erstmals der arabische Reisende Idrisi (1100–1166) unter dem Namen Šimeonit. Bis zum 14. Jh. entwickelte sich der Ort so gut, dass er sogar das nahe Veliki Preslav, die Hauptstadt des Ersten Bulgarischen Reiches, überflügelte. Dieser wirtschaftliche Höhenflug hielt über Jahrhunderte hinweg an, verstärkte sich während der türkischen Besatzung sogar. Überhaupt prägten osmanische Architektur und der **Islam** das damalige Šumla nachhaltig, im 19. Jh. waren mehr als die Hälfte der Einwohner türkischer Abstammung und in der Stadt lag eine starke türkische Garnison. Außerdem war Šumen während dieser Zeit ein wichtiges Zentrum für bulgarische Handwerkskunst und Fokus **nationalkultureller Strömungen**. Dazu trugen nicht zuletzt die rund 2000 Polen und Ungarn bei, denen die Türken nach den Unabhängigkeitskämpfen in ihren Ländern hier Mitte des 19. Jh. Asyl vor der Verfolgung durch die Habsburger gewährten.

Nach wie vor spiegelt sich diese **Vielfalt** im Stadtbild wider. Annähernd die

Hälfte der Einwohner ist türkischstämmig und die hiesige Moschee ist eine der wenigen, die den Zorn des vom ›türkischen Joch‹ befreiten bulgarischen Volkes unbeschadet überstanden hat. Heute präsentiert sich Šumen als moderne, in weiten Teilen der Außenbezirke von sozialistischer Architektur geprägte Stadt mit Aluminium- und Tabakfabriken sowie Weinkellereien.

Besichtigung　Zwei Baudenkmäler beherrschen von den umliegenden Hügeln aus das Bild. Das ist zum einen 3 km nordwestlich vom Zentrum **Šumenska Krepost** (Tel. 054/554 87, Mo–Fr 9–17 Uhr), die Festung von Šumen, die man auf einer asphaltierten Fahrstraße durch dichten Wald erreicht. Auf dem Burgareal umschließen teilweise restaurierte Mauern und Bastionen die Fundamente einstiger Kasernen, Wohnhäuser und Kirchen. Als Erste ließen sich die Thraker im 5. Jh. v.Chr. hier oben nieder, im Zweiten Bulgarischen Reich wurde die Anlage zu einem schützenden Bollwerk ausgebaut. Von den rekonstruierten Wachtürmen schweift heute der Blick weit über Šumen und die Donauebene.

Ebenfalls auf einem bewaldeten Höhenzug, aber vis-à-vis der Festung auf der südlichen Seite der Stadt, erhebt sich schon von weitem sichtbar das helle Kolossaldenkmal der Gründer Bulgariens, das **Memorialen Kompleks Süzdateli Na Bülgarskata Dŭřžava**. Eine breite Straße führt zu dem 1981 an der Abbruchkante des Berges errichteten Monument hinauf. Es besteht aus acht je 20 m hoch aufragenden, versetzt zueinander aufgestellten Betonquadern, zwischen denen sich Menschen ganz klein fühlen. In den Seitenflächen der Quader sind Flachreliefs zur Geschichte Bulgariens ab dem Ersten Reich (680–1018) eingemeißelt. Dargestellt sind die Zaren Krum, Boris und Simeon I., die Hinwendung zum Christentum sowie Kyrill und Method, die Entwickler der kyrillischen Schrift. Daneben zeigt ein 540 m² großes Mosaik einen siegreichen bulgarischen Zaren mit seinen Soldaten. 50 000 m³ Beton, 2600 m³ Granit und 2400 t Armierungseisen wurden für den riesenhaften Bau verarbeitet. 1300 Jahre Geschichte stellt das Denkmal dar und 1300 Stufen zählt der Treppenweg, auf dem man zu Fuß in die Stadt hinabsteigen kann.

Gleich unterhalb der Berghöhe liegt die Altstadt, in der das 40 m hohe schlanke Minarett der Moschee **Tombul Džamija** (Ul. Rakovski 21, Sa–Do 9–18 Uhr, in der Regel außerhalb der Gebetszeiten auch für Nicht-Muslime zugänglich) die Blicke auf sich zieht. Das Gotteshaus gilt dank seiner hervorragenden Architektur und der wunderschönen Ausstattung als wichtigstes verbliebenes muslimisch-

In den Bergen über Šumen – Memorialen Kompleks Süzdateli Na Bülgarskata Dŭřžava

Seit mehr als 1200 Jahren prescht der ›Reiter von Madara‹ in Fels gehauen über die Ebene

es Bauwerk auf bulgarischem Boden. Die Moschee mit einem 25 m hohen Kuppelbau im Zentrum entstand 1744. Ringsum schließen sich mehrere Höfe an, die man – mit gebotener Rücksicht auf anwesende Gläubige – besichtigen kann. Schmuckstücke der Anlage sind der Brunnen mit seinem filigranen Ornamentschmuck und der mit Teppichen ausgelegte Gebetssaal, dessen Wände Kalligraphien und farbenfrohe florale Ornamente zieren.

In der nahen Ul. Car Osvoboditel wurden mehrere Wiedergeburtshäuser restauriert und stehen Besuchern nun als **Museen** (Mo–Fr 9–17 Uhr) offen. Das einstöckige **Panajot Volov Kŭšta Musej** (Hausnr. 42, Tel. 054/63 24) etwa ist das Geburtshaus des Revolutionärs Panajot Volov (1850–1876). Er führte im April 1876 einen Aufstand gegen die Türken an, der blutig niedergeschlagen wurde. Die Ausstellung dokumentiert sein Leben.

Im **Lajoš Košut Kŭšta Musej** (Hausnr. 115, Tel. 054/572 09) beherbergte ein Händler im Jahr 1849 Lajos Kossuth (1802–1894), den Anführer der ungarischen Revolution von 1848/49, der sich hier im Exil befand. Der Bau ist eines der schönsten Beispiele der Wiedergeburtsarchitektur im Land. Die original erhaltenen Ausstattungsstücke berichten vom Leben wohlhabender Bulgaren im 19. Jh.

Im **Dobri Vojnikov Kŭšta Musej** (Hausnr. 157, Tel. 054/568 97) erblickte der bulgarische Autor Dobri Vojnikov (1833–

1878) das Licht der Welt. Einrichtungsgegenstände aus seinem persönlichen Besitz, Briefe, Fotos und Zeitungsartikel würdigen das Leben des ›Schriftstellers der Wiedergeburt‹. Auf der gegenüberliegenden Straßenseite wird im **Pančo Vladigerov Museen Kompleks** (Hausnr. 136, Tel. 054/521 23) des Lebens und Werks des Musikers und Komponisten Pančo Vladigerov (1899–1978) gedacht, der u. a. 1920–32 unter Max Reinhardt am Deutschen Theater in Berlin wirkte. Zum Museumskomplex gehört auch ein Konzertsaal mit 80 Plätzen, in dem gelegentlich Konzerte stattfinden (Informationen im Haupthaus).

Das Historische Museum **Istoričevski Musej** (Bul. Slavjanski 17, Mo–Fr 9–17, Sa 9–16 Uhr) schließlich zeigt 15 000 Exponate aus Prähistorie, Antike, Mittelalter und Neuzeit. Zu sehen sind thrakische Grabbeigaben und ein Streitwagen, Fundstücke aus Preslav und Pliska wie z. B. kunstvolle Säulenkapitelle sowie eine wertvolle Ikonensammlung.

Seit Mitte des 18. Jh. muslimischer Versammlungsort – Tombul Džamija in Šumen

Madara

15 km östlich von Šumen befindet sich an einer Nebenstraße parallel zur E70 nahe dem Ort Madara der archäologische Komplex **Madarski Archeologičeski Kompleks** (Tel. 0513/2095 Uhr). Er erstreckt sich rund um ein imposantes Felsmassiv, das aus der Ebene aufragt. Hier wurde im 8. Jh. in eine Felswand in 23 m Höhe das knapp 3 m hohe **Madarski Konnit**, das beeindruckende Relief des *Reiters von Madara*, in den Fels gehauen, das die UNESCO 1972 zum *Weltkulturerbe* erklärte. Es zeigt einen Mann hoch zu Ross in Begleitung eines Löwen und eines Hundes. Experten vermuten, dass es sich um Khan Tervel handelt, da eine Inschrift neben dem Relief auf dessen Regierungszeit 701–711 verweist.

Schon an der Abfahrt von der E 70 steht eine originalgetreue **Kopie** des Reiters, anhand derer man die Größe des Kunstwerks gut ermessen kann. Vom Parkplatz an der Straße geht es an Kiosken, Restaurants und Souvenirläden vorbei zum eigentlichen Eingang des archäologischen Komplexes. Gleich dahinter steigt eine steile Treppe über 200 Stufen aufwärts bis zum unteren Rand der Felswand. Eine Metallplattform erlaubt es, noch etwas höher zu steigen, aber der Blickwinkel auf das Relief wird dadurch sehr steil.

Wer am Fuß des Felsens den Weg nach rechts, also vom Reiter weg wählt und weiter bergan steigt, kommt zu einigen der in der Region sehr zahlreichen Höhlen. Sie waren schon zu Urzeiten bewohnt und wurden später oft von bulgarischen Mönchen als Klosterzellen genutzt. Im Sommer finden in der **Großen Höhle** Konzerte statt (Informationen am Eingang). Der Weg endet schließlich auf dem Felsplateau über dem Reiter. Hier sind noch Ruinen der Festung **Krepost Madara** zu sehen, deren Ursprung im 4. Jh. liegt und die von den Türken 1388 zerstört wurde.

TOP TIPP

Pliska

An der E70 zwischen Šumen und Varna, 7 km nördlich des Ortes Kaspičan, liegt das heute unbedeutende Dorf Pliska. Es kann jedoch auf eine glanzvolle Vergangenheit zurückblicken, denn im Jahr 681 wurde der Ort unter Khan Asparuch zur Hauptstadt des Ersten Bulgarischen Reiches und blieb es bis 893, als Zar Simeon die Kapitale nach Veliki Preslav [Nr. 12] verlegte. An die große Zeit erinnern noch die Ruinen des archäologischen Reservates **Archeologičeski Reservat** (Tel. 05323/2012, tgl. 8–17 Uhr) im Norden des heutigen Dorfes. In dem weitläufigen Areal erhält der Besucher einen Eindruck von der einst gigantisch großen Stadt, die sich zu ihrer Blütezeit über 23 km² erstreckte. Damals wurde Pliska von drei konzentrischen Verteidigungsringen geschützt. Ganz außen lag ein *Wallgraben*, darinnen trennte der 10–12 m hohe *Innere Mauerring* die Außen- von der Innenstadt. Nur ein Tor im Osten führte hinein, das man heute wieder durchschreiten kann. 1,5 km davon entfernt sind die Fundamente einer *Basilika* aus dem 9. Jh. zu finden. Sie war mit 100 m Länge und 25 m Breite der vermutlich größte Sakralbau des christlichen Europas jener Zeit. Im Zentrum der Innenstadt erhob sich schließlich die eigentliche **Festung** mit Ecktürmen und 2,5 m dicken, teilweise rekonstruierten Mauern, ihrerseits überragt von einer **Zitadelle**. Noch heute erkennt man innerhalb der Festung die Fundamente des 52 x 27 m umfassenden *Großen Palastes*, der als Thronsaal und Versammlungsort diente. Er entstand im 8. Jh. unter Khan Ormutag, der in dem Kleinen Palast innerhalb der Zitadelle wohnte. Dieser bot mit fast 600 m² Fläche, Fußbodenheizung und Glasfenstern geradezu luxuriöse Behaglichkeit.

Ein für die bedeutende Ruinenstadt vergleichsweise kleines Archäologisches Museum, kurz **Musej** genannt, stellt die Ausgrabungsfunde von Pliska aus und erläutert anhand eines Modells die Anlage der Stadt.

ℹ️ Praktische Hinweise

Information

Tourist Center, Bul. Slavyanski 17, Šumen, Tel. 054/857773, www.shumen.bg/en

Hotels

****Šumen**, Pl. Oborište 1, Šumen, Tel. 054/879141, www.hotelsh.ro-ni.net. Großer Hotelkomplex mit über 200 Zimmern, Suiten und Apartments im Ortszentrum. Im Gebäude befinden mehrere Restaurants und ein Nachtklub, in dem bulgarische Unterhaltungsshows dargeboten werden.

***Rimini Club**, Ul. Haralan Angelov 2, Šumen, Tel. 054/890202, www.riminiclub. com. Nettes Hotel in einem Bürgerpalast aus dem 19. Jh. mit komfortablen Zimmern. Restaurant mit italienischer und bulgarischer Küche.

Die teils rekonstruierten Mauern von Pliska lassen die einstige Größe der Stadt erahnen

12 Veliki Preslav

Einst prächtiger Reichsmittelpunkt, heute Ruinenstadt und archäologische Schatzkammer.

In einem lieblichen Tal 3 km südlich des modernen Ortes Preslav liegt das **Archeologičeski Reservat Veliki Preslav** (tgl. 8–18 Uhr), das Ausgrabungsareal um das ›große Preslav‹. So weit das Auge reicht erstreckte sich einst hier die nach Pliska [s.S. 47] zweite, von Zar Simeon I. im Jahr 893 begründete Hauptstadt Bulgariens. Ihre bislang ausgegrabenen Ruinen nehmen immerhin eine Fläche von 3,5 km² ein. Die Stadt blieb Zarensitz bis 972, als sie von Byzanz niedergebrannt wurde.

Veliki Preslav war mit rund 6 km² nur etwa ein Viertel so groß wie Pliska, doch übertraf sie ihre Vorgängerin an Pracht bei weitem. Immerhin entstand Veliki Preslav in einer Epoche, die als ›die Goldene‹ bezeichnet wird: Die Wirtschaft florierte, Künste und Handwerk schwangen sich zu bis dahin nicht erreichter Blüte auf. Stein und Holz der Gebäude waren mit Silber und Gold verziert, zwei Ringe hoher massiger Festungsmauern schützten den Reichtum. Die im Jahr 907 errichtete Runde oder **Goldene Kirche** im äußeren Stadtbereich galt als Meisterwerk der Sakralarchitektur, sowohl bautechnisch als auch künstlerisch revolutionär. Ursprünglich bestand sie aus einem von außen liegenden Strebepfeilern gestützten Rundbau mit mächtiger, 20 m hoher Kuppel und einem anschließenden rechteckigen Narthex. Später wurde ein arkadengesäumter Brunnenhof hinzugefügt. Die Außenmauern der zerstörten Kirche wurden rekonstruiert und Säulen wieder aufgerichtet, sodass man eine Vorstellung von der einstigen Größe gewinnt.

Im Archäologischen Museum des Ausgrabungsgeländes, dem **Archeologičeski Musej** (tgl. 9–18 Uhr, winters Mittagspause), steht ein Modell der einstigen Stadt. Außerdem werden Ausgrabungsfunde gezeigt, darunter Keramikplättchen, die einst die Häuserfassaden zierten. Wichtigstes Exponat ist der **Schatz von Preslav**, bestehend aus prächtigem Gold- und Juwelenschmuck des 10. Jh., der in Preslav und Konstantinopel hergestellt wurde. Die Stücke wurden 1978 3 km von hier in einem früheren Vorort der Hauptstadt gefunden. Dort hatte der Besitzer vor mehr als 1000 Jahren, kurz vor der Einnahme Veliki Preslavs

Nur Fundamente blieben von der einst so berühmten Goldenen Kirche von Veliki Preslav

durch Byzanz, das wertvolle Geschmeide in einer ärmlichen Hütte versteckt – und es nie mehr abgeholt.

ℹ Praktische Hinweise

Hotel

*Hotel Patleina, Veliki Preslav, Tel. 08 96/69 59 78, www.patleina.com. Familiengeführtes Hotel mit Restaurant, großem Garten und Pool in etwas abgeschiedener Lage in dicht bewaldeter Hügellandschaft. Die acht Zimmer und zwei Apartments sind einfach und komfortabel.

Schmuck ist die Kirche neben dem Archäologischen Museum von Veliki Preslav

Südliche Schwarzmeerküste – Sonne, Sand und stille Buchten

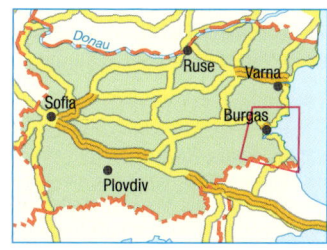

Eine große halbrunde Bucht greift im südlichen Teil der bulgarischen Schwarzmeerküste tief ins Land. Im Scheitelpunkt dieser *Burgaski Zaliv* liegt Burgas, nach Varna die zweitgrößte Stadt der Küste und der größte Hafen des Landes. Gerahmt wird die Bucht von beliebten Ferienresorts wie **Sonnenstrand**, **Elenite** oder **Djuni**. Die Küste ist hier weitgehend flach und von breiten Sandstränden begleitet, im hügeligen Hinterland bilden Äcker und Weiden einen grünen Flickenteppich. Weiter nach Süden wird die Landschaft gebirgiger, Laubwälder säumen idyllische Sandbuchten und kleine Kiesstrände.

Immer wieder ragen Halbinseln ins Meer hinaus, auf denen historische Orte wie **Nesebăr** und **Sosopol** zu einem Besuch einladen. In ihren engen Gassen kann man ausgezeichnet einkaufen – das Angebot reicht von Kunsthandwerk bis zu imitierten Designerjeans. Auch Kunstinteressierte kommen auf ihre Kosten, rufen doch Theater, Thermen und mit Fresken geschmückte Kirchen die reiche griechische, römische und byzantinische Vergangenheit des Landstrichs in Erinnerung. Im südlichen Teil der Schwarzmeerküste laden mehrere *Naturreservate* zur Erkundung mit dem Boot oder zu Fuß ein, insbesondere die waldreiche gebirgige **Strandža**, das mit 1161 km^2 größte Schutzgebiet des Landes an der Grenze zur Türkei.

Nur wenige Kilometer westlich der Küste steigt schon der Vorbalkan zum eigentlichen Balkan hin an. Fast 2400 m hoch sind seine Gipfel bei **Kazanlăk**, immerhin noch rund 1500 hoch sind sie bei **Sliven**. Die von dichtem Mischwald bestandenen Berghänge laden zu ausgedehnten Wanderungen ein. Dabei lohnen malerische Bergdörfer wie **Kotel** oder **Žeravna** mit ihren schmucken Gebäudeensembles im traditionellen Holzbaustil einen Besuch. Als eine Art bewohnte Freilichtmuseen sind sie beliebtes Ausflugsziel für Einheimische wie Touristen.

13 Burgas

Eingebettet zwischen Meer und Seen besitzt die Hafenstadt an der weiten gleichnamigen Bucht fast Inselcharakter.

190 000 Einwohner zählt die viertgrößte Stadt Bulgariens. Sie leben vom Handel, der Fischerei und von den ausgedehnten petrochemischen Werken, die sich rings um den Hafen erstrecken. Die moderne Skyline mag wenig einladend wirken, doch ist das Zentrum durchaus charmant und mehr als einen Blick wert. Besonders

Oben: *Top-Urlaubsziel ist der Sonnenstrand an Bulgariens Schwarzmeerküste*
Unten: *Hübsch schmiegt sich das Künstlerdorf Žeravna an die grünen Balkanhänge*

der gepflegte Meerespark an der Küste lädt zu einem Spaziergang ein, ebenso die lebhafte Fußgängerzone in den parallel verlaufenden Straßen Aleksandrovska und Republikanska. Dort bieten zahlreiche Souvenirläden Schnitzkunst oder Ikonen an.

Geschichte Burgas geht auf die spätrömische Siedlung *Deultum* zurück, eine Stadtgründung des Kaisers Vespasian (9–79) für Veteranen des römischen Heeres. Der byzantinische Poet Manuel Phill erwähnt die Siedlung im 13. Jh., der türkische Historiker Hadj Kalfa führt sie im 17. Jh. unter dem Namen Bourgos oder Pirgos. Von einem Hafen ist erstmals 1730 die Rede. Ende des 19. Jh. lebten 3000 Einwohner in Burgas, das während der Befreiungskriege weitgehend niederbrannte. Nach dem Wiederaufbau begann Burgas' stetiger Aufstieg zum wichtigen Kultur- und Handelszentrum. Großen Anteil daran hat der gut ausgebaute Hafen, über den inzwischen mehr als 50 % des gesamten bulgarischen Warenumschlags per Schiff abgewickelt wird.

Besichtigung Die kompakte Innenstadt von Burgas erstreckt sich nördlich von Hafen und Bahnhof, etwa zwischen der Zar-Peter-Straße im Westen und dem südlichen Ausläufer des baumbestandenen Meeresparks **Morska Gradina** ❶ an der schwarzsandigen Küste im Osten. Hier im Zentrum versammeln sich mehrere Museen, etwa nahe dem runden Baba-Ganka-Platz das völkerkundliche **Etnografski Musej** ❷ (Ul. Slavjanska 69, Tel. 056/84 25 87, Mo–Fr 9–17.30 Uhr). Es ist in einem Wiedergeburtshaus untergebracht und zeigt auf zwei Stockwerken z. B. farbenprächtige Trachten sowie bunt bemalte Kukeri-Masken. Im angenehm stillen Innenhof lädt ein nettes Café zur Rast ein. In unmittelbarer Nähe des Museums erweckt die kuppelreiche und mit zwei Glockentürmen ausgestattete Kirche **Sv. Sv. Kiril i Metodij** ❸ Aufmerksamkeit. Sie entstand 1894–1905 als Werk des Architekten Ricardo Toscani, der sich in der Gestaltung stark an das Art déco anlehnte, wie die Glasfenster zeigen.

Nur wenig weiter südlich lohnt das Naturwissenschaftliche Museum **Prirodonaučen Musej** ❹ (Ul. Konstantin Fotinov 30, Tel. 056/84 32 39, Mo–Fr 9–17.30 Uhr) einen Besuch. Es wurde 1985 gegründet und zeigt in sechs Hallen anhand von Schautafeln, Fotos, konservierten Pflanzen und präparierten Tieren die geologische Entwicklung der Region, insbesondere der Strandža [s. S. 71], sowie die Flora und Fauna der Schwarzmeerküste. Im schräg gegenüber liegenden Archäologischen Museum, **Archeologičeski Musej** ❺ (Bul. Aleko Bogoridi 21, Tel. 056/84 35 41, Mo–Fr 9–17.30 Uhr), sind Ausgrabungsfunde von thrakischen, griechischen und römischen Siedlungen der südlichen Schwarzmeerküste wie etwa dem alten Nesebär zu sehen. Grabsteine des 3.–1. Jh v. Chr., Schmuck und Tonwaren sind ausgestellt, ebenso eine Sammlung antiker Anker.

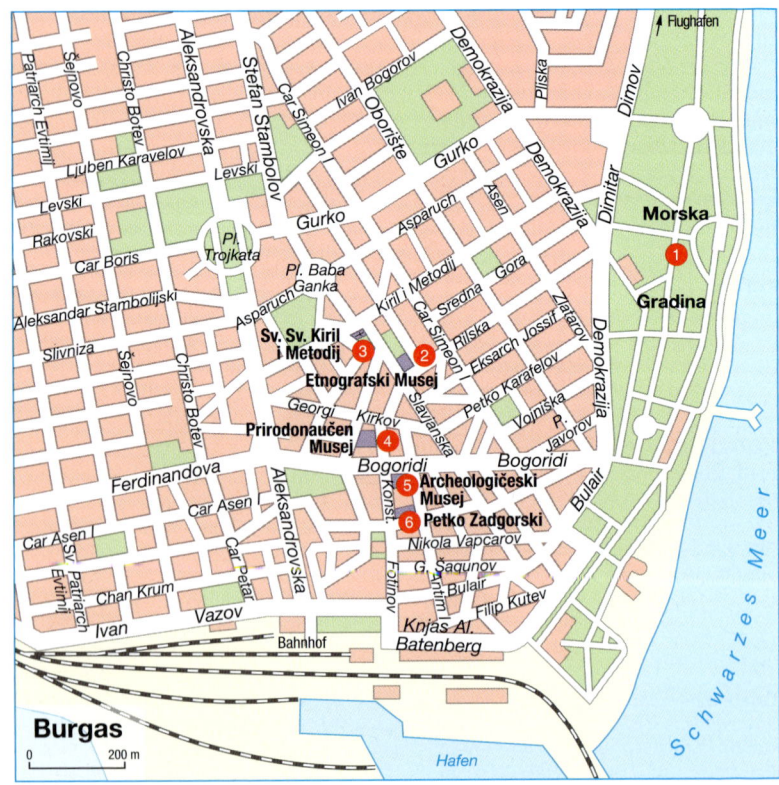

Etwas weiter südlich gelangt man zur städtischen Kunstgalerie **Petko Zadgorski Galeria** ❻ (Uliza Mitropolit Simeon 24, Tel. 056/84 21 69, Mo–Fr 9–12, 14–18 Uhr), die im Gebäude einer im neomaurischen Stil errichteten einstigen Synagoge untergebracht ist. 1910 wurde sie ebenfalls nach Plänen des Italieners Ricardo Toscani erbaut. Sie präsentiert zeitgenössische Gemälde, aber auch Ikonen des 15.–19. Jh. aus dem Strandža-Gebirge.

Ausflüge

Im Norden von Burgas liegt der **Atanasovsko Ezero**, ein rund 30 km² großer Salzwassersee, an dessen Südostufer seit 1906 in Salinen Salz gewonnen wird. Sein nördlicher Teil ist als Naturreservat geschützt. Hier ist das Seeufer von Binsen, Lavendel und Dickblattgewächsen bestanden, das Spitzmaus, Otter, Wildkatze und Wühlmaus, vor allem aber unzähligen Wasservögeln als Heimat dient. Dazu gehören rund ein Dutzend gefährdeter Arten, darunter Krauskopfpelikan, Zwergscharbe, Rothalsgans und Wiesenralle. Am See nisten außerdem Säbelschnäbler, Schwalben und Möwen. Die beste Zeit zur Vogelbeobachtung ist der Herbst; es gibt hier allerdings keine Infrastruktur.

ℹ️ Praktische Hinweise

Information

Es gibt kein offizielles Touristenbüro. Auskünfte erhält man in Hotels und Reisebüros. www.burgasmuseums.bg

Lauschige Idylle für Romantiker – Meerespark Morska Gradina in Burgas

Flughafen/Aerogara

Internationaler Flughafen Burgas-Sarafovo (BOJ), 10 km nördlich der Stadt, Tel. 056/87 02 48, www.bourgas-airport. com. Charterflüge meist nur im Sommer

Die Altstadt von Burgas kann mit klassizistischen Architekturschönheiten aufwarten

(im Winter nur vereinzelt). Halbstündlich verkehrt Bus Nr. 15 zwischen Flughafen und Busbahnhof in Burgas, die Fahrzeit beträgt etwa eine halbe Stunde.

Verkehrsmittel

Busse fahren während der Sommersaison in der Regel mehrmals stündlich in die Ferienresorts der südlichen Schwarzmeerküste. Die Abfahrt beginnt am Busbahnhof, der sich am Bahnhof befindet.

Hotels

*******Primorez**, Ul. Khan Aleksander Batenberg, Burgas, Tel. 056/84 14 17, www.hotelprimoretz.bg. Hübsch am Meerespark gelegenes elegantes Grand Hotel & Spa mit vielseitigem Wellnessangebot, zwei Restaurants und Bars. Alle Zimmer verfügen über einen Balkon, manche bieten einen schönen Blick aufs Meer.

******Bulgaria**, Ul. Aleksandrovska 21, Burgas, Tel. 056/84 28 20, www.bulgariahotel.com. Mit 20 Stockwerken größtes Hotel der Stadt, nahe dem Bahnhof gelegen. Ein Großteil der Zimmer ist modernisiert. Im obersten Stockwerk gibt es ein Panoramarestaurant und Wintergarten.

******Plaza**, Bul. Bogoridi 42, Burgas, Tel. 056/84 62 95, www.plazahotel-bg.com. Modernes großes Designhotel in der Fußgängerzone mit geschmackvoll gestalteten Zimmern und Apartments. Im Gebäude befinden sich ein Restaurant, eine Bar und ein Straßencafé.

Restaurants

Unison, Ul. Aleksandrovska 67, Burgas, Tel. 056/82 52 52. Das stets gut besuchte Kaffeehaus serviert auch Snacks und Salate für den kleinen Hunger.

Vodenicata, Meerespark Morska Gradina, Burgas, Tel. 056/80 00 80. Im grünen Garten werden gefüllte Paprika, Suppe mit Innereien und Gegrilltes gereicht.

14 Pomorje

Schlammbäder für die Gesundheit.

Das Heilbad (13 500 Einw.) liegt an der Spitze einer knapp 5 km ins Meer hinausreichenden Landzunge. Es ist für seine gesundheitsfördernden Schlammbäder bekannt, die orthopädische, gynäkologische, Haut- und Nervenprobleme lindern bzw. heilen sollen. Noch ist Pomorje hauptsächlich ein Ferienziel für bulgarische Touristen, die während ihres Aufenthalts meist in einem der vielen Privatzimmer oder in den Ferienhäusern des Ortes logieren.

Geschichte Thraker gründeten Pomorje im 4. Jh. v.Chr., dann wurde die Siedlung griechische Kolonie und schließlich römische *Civitas Magna* – eine ›große‹, also ›wohlhabende Stadt‹. Zu Zeiten des Ersten Bulgarischen Reiches (7.–11. Jh.) bewachte von der Spitze der Landzunge aus eine heute zerstörte Festung die Schifffahrtsrouten. 1366 eroberte Fürst Amadeus von Savoyen das Städtchen für Byzanz, 1453 fiel es zusammen mit Nesebâr an die Türken. Unter ihrer Herrschaft entwickelte sich Pomorje zu einem prosperierenden **Handelshafen**, über den bis in die Neuzeit in erster Linie Getreide ausgeführt wurde. Im Jahr 1906 brannte die Stadt fast vollständig ab, daher sind selbst in der Innenstadt nur wenige historische Bauten erhalten. Weinkelterei, Destillerie, Salzgewinnung sowie der Verkauf von Obst und Getreide aus dem Hinterland prägen Pomorjes Wirtschaft heute, zunehmend wichtiger wird der Kurtourismus.

Besichtigung Pomorje selbst ist schnell erkundet. Am westlichen Rand der Altstadt erheben sich die aus dem 19. Jh. stammenden Gebäude des im 12. Jh. gegründeten Klosters **Manastir Sv. Georgi**. Bis Ende des 20. Jh. wurde hier der berühmte Dimiat-Wein gekeltert, doch seit nur noch wenige Mönche im Kloster leben, ist der hauseigene Weinberg verpachtet. Besuchern, die angemessen gekleidet an der Pforte um Einlass bitten, wird sicher ein Blick in die Klosterkirche gestattet, die eine kleine Auswahl an Ikonen des 18./19. Jh. birgt.

Der Bummel durch das historische Zentrum sollte auf jeden Fall am östlichen Ende der Halbinsel vorbeiführen, wo die kleine Verklärungskirche **Preobrašenije Christovo** (Ul. Khan Kubrat 1) von 1764 aufs Meer hinaus blickt. In unmittelbarer Nähe ist in der Uliza Yavorov das **Yavorov Küsta Musej** (tgl. 9–12 und 14–17 Uhr) zu besichtigen, das einstige Wohnhaus des bulgarischen Schriftstellers und Poeten Pejo Yavorov (1878–1914). Jeden Sommer finden Ende Juli/Anfang August in Pomorje zur Erinnerung an ihn die **Yavorov-Kulturtage** mit Dichterlesungen statt.

Oben: *Still und friedlich liegt der Innenhof des Klosters von Pomorje in der Sommersonne*
Unten: *Der Sieg des hl. Georg über den Drachen ziert die Fassade des Klosters Manastir Sv. Georgi*

In der Destillerie **Černomorsko Zlato** (Mo–Fr 8–17 Uhr) am nördlichen Ortsrand an der E 87 in Richtung Nesebär wird einer der besten Weinbrände Bulgariens gebrannt und auch ab Werk verkauft.

Nördlich der Stadt erstreckt sich die 7 km lange und 2 km breite **hypersaline Lagune** (70 % Salzsättigung), an deren Ufern der jodhaltige Schlamm für Heilbehandlungen abgebaut und in Salinen Salz gewonnen wird. In anderen Teilen ist die Lagune als Wasservogel-Schutzgebiet ausgewiesen. Vom Schwarzen Meer trennt sie eine 4 km lange dunkelsandige Nehrung. Sie wird gern als Strand genutzt und da sich dieser ganz allmählich ins Meer absenkt, ist er als Badeplatz für Familien ideal.

Ausflug

Die bedeutendste Sehenswürdigkeit im Umkreis von Pomorje ist das 8 km südlich der Stadt gelegene thrakische Hügelgrab **Trakijskata Grobnica** (sommers tgl. 9–16 Uhr) aus dem 2. oder 3. Jh. Ein etwa 20 m langer Gang führt zur Grabkammer, die als Kuppel mit fast 6 m Höhe und 12 m Durchmesser ausgebildet ist. Das Gewölbe wird von einer zentralen, aus Ziegel und Bruchstein gemauerten Säule getragen. Die Anlage wurde später von den Römern als Mausoleum genutzt.

ℹ️ Praktische Hinweise

Hotels

***Manz I**, Ul. Veliko Tărnovo, Pomorje, Tel. 05 96/248 17. Vierstöckiges Mittelklassehotel in der Altstadt. 13 Suiten mit allem Komfort und mit Balkon. 10 Min. Fußweg zum Strand an der Lagune, Schwimmbad im Garten.

***Pomorje**, Ul. Yavorov 3, Pomorje, Tel. 05 96/224 40, www.pomorie.com/ih-pomorie. Über 100 Zimmer in futuristischer Architektur der 1980er-Jahre. Zum Angebot des direkt am Meer gelegenen Hauses gehören auch ein Freibad mit Meerwasser, ein Hallenbad und eine Sauna. Besonders Geplagte können sich in einer Kurabteilung mit medizinischer Betreuung erholen.

15 Nesebăr

*Römische Ruinen, byzantinische
Kirchen und Holzarchitektur der
Wiedergeburtszeit säumen die
Gassen des Ferienzentrums.*

Weit ins Meer hinaus ragt die inselar-
tige Landzunge, auf der sich das historische Städtchen Alt-Nesebăr (7000 Einw.)
drängt. Ein 400 m langer Straßendamm
verbindet es mit der Festlandsküste, an
der sich die modernen Wohnhäuser und
Hotelanlagen von Neu-Nesebăr erstrecken. Sie gehen im Norden beinahe
nahtlos in das beliebte Ferienresort Sonnenstrand [Nr.16] über. Die meisten Urlauber der Region besuchen mindestens
einmal während ihres Aufenthalts das
mehr als 4000 Jahre alte Nesebăr. Kein
Wunder, besitzt es doch zahlreiche antike
und mittelalterliche Ruinen sowie ein
wunderbares Ensemble von Häusern der
Wiedergeburtszeit. Ebenso einzigartig ist,
dass all diese architektonischen Schätze
einer gnadenlosen Vermarktung ausge-
setzt sind: Inzwischen werden in einigen
Kirchenruinen T-Shirts verkauft, in anderen haben sich Restaurants eingerichtet.
So vermittelt das 1983 von der UNESCO
zum **Weltkulturerbe** erhobene Nesebăr
den zwiespältigen Eindruck eines faszi-
nierenden historischen Erbes, das aufgrund seiner Berühmtheit in einen Jahr-
markt verwandelt wurde.

Geschichte   Vor rund 4000 Jahren gründeten thrakische Fischer hier die Siedlung Menabria. Im 6. Jh. v. Chr. zogen dori-
sche Siedler aus Megara zu und schon

bald stieg die griechische Kolonie zu einem regionalen Zentrum für Handel und
Kultur auf, das sogar befestigt wurde. Reste der damaligen Stadtmauer sind noch
heute am Ortseingang zu sehen. Trotz-
dem konnten sich im 1. Jh. v. Chr. die Römer und im 4. Jh. n. Chr. die Byzantiner
ohne Widerstand aus der Bevölkerung als
neue Herren etablieren. Im 6. und 7. Jh.
verstärkte Byzanz die Befestigungen und
errichtete in der Stadt einige der heute
noch erhaltenen Kirchen. Vom Ersten
Bulgarischen Reich unter Khan Krum im
9. Jh. blieb dem Ort lediglich der Name
Nesebăr, bald fiel er wieder zurück an
das oströmische Reich und erlebte ab
Ende des 9. Jh. seine höchste Blüte als eines der wichtigsten **Handelszentren** am
Schwarzen Meer und als Umschlagplatz
für Waren aus Innerbulgarien und dem
byzantinischen Reich. Es wird berichtet,
Nesebăr habe zu jener Zeit 80 Gotteshäuser besessen. 1366 eroberte Graf Amadeus von Savoyen mit seinen Rittern auf
einem Kreuzzug gegen die muslimischen
Türken die christlich-orthodoxe Stadt,
verkaufte sie aber umgehend wieder an
Byzanz – zum damals astronomisch hohen Preis von 15 000 Golddukaten.

*Pittoreske Schattenspender – Wiedergeburts-
häuser in den Altstadtgassen von Nesebăr*

![Stadtansicht von Nesebär bei Dämmerung mit Windmühle]

Ab 1453 war Nesebär von den Türken besetzt. Es folgte ein langsamer Niedergang, bis die Stadt schließlich zum Zeitpunkt ihrer Befreiung durch die russische Armee 1878 nur noch lokale Bedeutung als **Fischerhafen** und als Werft hatte.

Die Wende in der Entwicklung Nesebärs brachte der Tourismus: Ab 1959 wurde der benachbarte Sonnenstrand als Sommerfrische am Meer ausgebaut und gleichzeitig das historische Zentrum Nesebärs als stimmungsvolles **Ausflugsziel** entdeckt. Archäologische Ausgrabungen förderten Zeugnisse der griechischen und römischen Vergangenheit zutage, sorgfältig restaurierte man die mittelalterlichen Bauten sowie die reizenden Holzhäuser aus der Wiedergeburtszeit und verwandelte so das bis dato eher verschlafene Nesebär in ein charmantes Städtchen.

Besichtigung Zweifellos bietet ein Bummel durch die kopfsteingepflasterten Gassen der geschichtsträchtigen Altstadt von Nesebär ein unvergessliches Erlebnis. Gleich nach der Fahrt über den Damm, der Nesebär mit dem Festland verbindet, sieht man schon die ersten steinernen Zeugen der Vergangenheit, näm-

Eine altertümliche hölzerne Windmühle grüßt am Straßenrand die Ankömmlinge auf ihrem Weg in die malerische Altstadt von Nesebär

lich das **Stadttor** ❶ und die beidseits angrenzenden Umfassungsmauern. Unmittelbar hinter dem Stadttor kann man sich im **Archeologičeski Musej** ❷ (Ul. Messembria 2, tgl. 9–17 Uhr, winters Mo–Fr 9–17 Uhr) mit der Geschichte der Stadt vertraut machen. Ausgestellt sind archäologische Fundstücke der Umgebung aus allen Siedlungsperioden, thrakische Steinanker ebenso wie griechische Vasen, römische Kleinplastik sowie eine schöne Ikonensammlung aus byzantinischer und bulgarischer Zeit. Leider sind nur wenige Objekte in englischer Sprache beschriftet.

Nesebärs archäologische Ausstellung wird durch die Sammlungen des völkerkundlichen **Etnografski Musej** ❸ (Ul. Messembria 31, Mo–Fr 9–12 und 14–18 Uhr) ergänzt. Es ist etwa 1 km östlich des Zentrums in dem 160 Jahre alten Haus der Familie Muskoyany untergebracht und zeigt für die Region typischen Hausrat, Trachten und Schmuck. Besonderes

Farbenfrohe Fresken zieren Nesebärs Neue Metropolitenkirche Sv. Stefan

Augenmerk verdient der Salon im oberen Stockwerk mit seiner herrlich geschnitzten Decke.

Von den früher 80 Kirchen Nesebärs sind längst nicht mehr alle erhalten. Aber auch die verbliebenen Gotteshäuser laden trotz des allgegenwärtigen Souvenirrummels zu einem kunsthistorisch interessanten Rundgang ein. Ältester Sakralbau Nesebärs ist die Alte Metropolitenkirche *Starata Metropolia*, auch Sofienkirche, **Sv. Sofia 4**, genannt. Sie wurde im 5. Jh. im Zentrum der Halbinsel errichtet, ihre noch immer beeindruckenden Überreste befinden sich auf dem Platz im Herzen der Altstadt. Hinter den zweistöckigen Arkaden liegen etwas unter Straßenniveau die Fundamente, an denen man den ursprünglichen dreischiffigen Grundriss des Baus noch gut erkennen kann.

Nördlich der Metropolitenkirche ziehen die Fassaden zweier einschiffiger Kirchenbauten aus dem 13. Jh. die Blicke auf sich. Beide wurden in einer Mischtechnik aus abwechselnden Lagen roter Ziegel und behauener heller Steine errichtet und sind mit Bruchstücken leuchtend bunter Keramikplättchen verziert. Bei der südlichen der beiden handelt es sich um die Kirche **Sv. Paraskeva 5**. Ihre ursprüngliche Dachkonstruktion ist nicht erhalten, vermutlich erhob sich über

dem Eingangsbereich einst ein Glockenturm, heute schützt ein modernes Ziegeldach das Innere. Ihr gegenüber erhebt sich mit Vorhalle und zwei Eingangsportalen die den Erzengeln Michael und Gabriel geweihte Kirche **Sv. Sv. Archangeli Gavraili Michail 6**. Beide Bauten dienen heute profanen Zwecken, umliegende Restaurants lagern darin ihre Getränke, Stühle und Tische.

Der Weg führt nun nach Westen, vorbei an der 1609 während der Türkenzeit errichteten und daher einfach gestalteten Erlöserkirche **Sv. Spas 7**, zur **Sv. Joan Krŭstitel 8**, der Kirche Johannes des Täufers. Sie entstand im 10. Jh. als Kreuzkuppelbau mit drei Altarnischen und vier die Decke stützenden Säulen. Die Freskenfragmente im Inneren datieren aus dem 13. Jh. In der Kirche ist heute eine Dependance des Archäologischen Museums untergebracht. Sie zeigt eine kleine Auswahl kirchengeschichtlich interessanter Stücke. Schräg gegenüber beeindruckt der Kreuzkuppelbau der Pantokratorkirche **Christos Pantokrator 9** aus dem 13. Jh. mit einer Vorhalle und drei Altarnischen. Die auffällige Fassade gliedern mehrere Reihen von Blendbögen und Friesen, die mit bunten Keramikplättchen dekoriert sind.

Wendet man sich nun südwärts Richtung Hafen erreicht man nach wenigen

Eines der beliebtesten Fotomotive ist Nesebărs Alte Metropolitenkirche Starata Metropolia

Metern die Neue Metropolitenkirche **Sv. Stefan** ⑩. Die Basilika mit Dreiapsidenchor wurde aus Ziegel- und Bruchsteinmauerwerk im 10. Jh. errichtet. Besonders beachtenswert sind die Fresken an den Innenwänden. Sie stammen zumeist aus dem 16. Jh. und zeigen biblische Szenen, darunter das Jüngste Gericht. Die Bildnisse einiger Kirchengönner kamen erst im 18. Jh. hinzu.

Gegenüber am Platz unweit des Hafens erhebt sich das größte mittelalterliche Gebäude Nesebărs, die Johannes-

Aliturgetos-Kirche **Sv. Aliturgetos** ⑪ aus dem 14. Jh. Sie besitzt eine Vorhalle und drei Chorapsiden. Ihre keramikverzierte Fassade aus Bruchstein- und Ziegelmauerwerk ist durch zweistufige Blendbögen gegliedert.

ℹ️ Praktische Hinweise

Information

Es gibt kein offizielles Touristenbüro. Auskünfte erhält man in Hotels und Reisebüros. www.nessebar.net

Auch in der Architektur besannen sich Bulgaren im späten 19. Jh. auf ihre Vergangenheit und bauten traditionell

Die Bulgarische Wiedergeburt

Als bedeutendsten historischen Prozess der Neuzeit verstehen Bulgaren jene Epoche im 19. Jh., in der sie das ›türkische Joch‹ abschüttelten und sich im **Dritten Bulgarischen Reich** wieder zu einer Nation vereinten. Wie neu geboren empfanden sie sich, nachdem die Türken 1878 ihr Land verlassen hatten, entsprechend nannten sie diese Zeit **Vasraždane**, ›Wiedergeburt‹.

Vordenker der **nationalen Renaissance** war der Mönch **Paissij Chilendarski** gewesen, der 1762 sein Geschichtswerk ›Istorija slavjanobŭlgarska‹ mit herausragenden Errungenschaften von Bulgaren, darunter die Entwicklung einer slawischen Schrift oder die Gründung des ersten slawischen Reiches, veröffentlichte. Vor diesem Hintergrund forderte er seine Landsleute auf, sich auf die eigene Kultur und Sprache zu besinnen. Diesen Ansatz übernahmen ein knappes Jahrhundert später frühe Protagonisten der ›Wiedergeburt‹ wie Vasil Levski (1837–1873) und Christo Botev (1847–1876).

In diesem Sinne wurden nach der neuerlichen Staatsgründung bulgarische Traditionen und Werte in allen Lebensbereichen wieder belebt, bulgarische Schulen wurden gegründet, Bücher in bulgarischer Sprache gedruckt. Am augenfälligsten waren die Veränderungen in der Architektur. Das erstarkende Bürgertum gab **Wiedergeburtshäuser** in Auftrag, meist zwei- bis dreistöckige Bauten, die sich vor allem durch die weit über das Erdgeschoss vorkragenden oberen Stockwerke auszeichnen. Man findet sie heute in fast allen bulgarischen Städten, besonders schön in **Nesebär** [Nr. 15] und **Sosopol** [Nr. 17]. Hier herrscht der Typus des traditionellen ›Schwarzmeerhauses‹ vor, auf dessen aus Naturstein gemauertes Erdgeschoss ein vorkragender erster Stock aus dunklem Holz aufsitzt. Unten befindet sich das Lager für Lebensmittel oder Handelswaren, oben liegen die Wohnräume, die innen oft mit kunstvollem Schnitzwerk, Wandmalereien, Teppichen und Wandbehängen geschmückt sind. Diese Architektur findet sich mit lokalen Ausprägungen überall im Land wieder. Und auch heute bauen viele traditionsbewusste Familien noch oder wieder nach diesem Vorbild.

Messemvria Holidays, Ul. Messembria 10, Nesebär, Tel. 05 54/458 80, www.messemvria. com. Deutschsprachiges Reisebüro.

Verkehrsmittel

Busse nach Sonnenstrand fahren mehrmals stündlich und bis tief in die Nacht hinein. Busse nach Burgas und Varna starten fast stündlich. Die Bushaltestelle befindet sich am Stadttor von Nesebär.

Boote verkehren im Sommer halbstündlich bis stündlich, je nach Bedarf, zwischen Nesebär und Sonnenstrand. Die Anlegestelle befindet sich am Busbahnhof. Von Fahrten bei unruhiger See ist abzuraten.

Einkaufen

Galeria Zograf, Nesebär, Ul. Ivan Aleksandar 21 (hinter dem Hotel St. Stefan), Tel. 05 54/451 00, www.galleryzograf.com. Die Künstlerin Nadia Kelaidinova verkauft wunderschöne, von Hand gemalte Ikonen.

Hotels

***Morska Perla**, Ul. Car Simeon 4, Nesebär, Tel. 05 54/456 06. Mitten in der Altstadt gelegen, modern und komfortabel.

TOP TIPP ***St. Stefan**, Ul. Mena, Nesebär, Tel. 05 54/436 03, www.bourgas.org/st_stefan/en.html. Das hübsche Hotel befindet sich in einem alten Wiedergeburtshaus gegenüber der Neuen

Metropolitenkirche. Geschmackvolle Zimmer, aufmerksamer Service und ein gutes Restaurant gestalten den Aufenthalt sehr angenehm.

**Rony, Ul. Chaika 1, Nesebăr, Tel. 05 54/440 02, www.ronyhotels.com. Mitten im lebhaftesten Teil des Ortes gleich hinter dem Stadttor bietet die freundliche Pension komfortable Zimmer und Apartments.

*Rai, Ul. Sadala 7, Nesebăr, Tel. 05 54/460 94. Sehr preiswerte Zimmer in einfacher Pension mit Basiskomfort.

Restaurants

Andromeda Terrases, Ul. Iwan Aleksandar 19, Nesebăr, Tel. 08 88/62 43 96. Restaurant mit Terrasse und herrlichem Meerblick am Südufer der Altstadt.

Dennitza, Ul. Emona 6, Nesebăr, Tel. 05 54/443 11. Hier kann man mit Gulasch, Knödel und Soljanka einen Abstecher in die russische und tschechische Küche unternehmen.

Kapitanska Srešta, Ul. Mena, Nesebăr, Tel. 05 54/421 24. Das alte Kapitänshaus hoch über der Hafenmole ist das größte Wiedergeburtshaus im Ort, innen kann man noch die ehem. Lagerräume sehen. Heute ist es berühmt für seine ausgezeichnete Küche. Besonders empfehlenswert sind die Fischgerichte, der Šopska-Salat und Tarator (kalte Gurkensuppe).

Plakamoto, Ul. Ivana Aleksandar 8, Nesebăr, Tel. 05 54/455 44. Unter schattiger Pergola sitzt man hoch über dem Meer. Spezialitäten sind Fisch und Grillgerichte wie Kebabčeta und Kjufteta.

16   Slančev Brjag/ Sonnenstrand

8 km langer Sandstrand, blaues Meer sowie ein reiches Sport- und Freizeitangebot.

1959 begann die bulgarische Regierung mit der Entwicklung des Resorts Sonnenstrand 25 km nördlich Burgas'. Die Gründe dafür liegen auf der Hand: Auf über 8 km Länge säumt hier, zwischen der Halbinsel von Nesebăr im Süden und Kap Emona im Norden, feiner heller Sand die Küste, durchweg mindestens 30 m, mitunter sogar bis zu 100 m breit. Der Strand fällt über rund 100 m flach ins klare Wasser ab, was ihn für Familien mit kleinen Kindern ideal macht.

Also entstanden in rascher Folge unzählige, architektonisch wenig ansprechende Hotelblöcke, in denen zahllose Werktätige der Ostblockstaaten ihren Sommerurlaub verbrachten. Nach 1990 kamen dann auch Urlauberscharen aus dem Westen und der Sonnenstrand nahm einen ungeahnten Aufschwung. Man restaurierte die alten Unterkünfte, baute neue und verbesserte die touristische Infrastruktur.

Heute säumen rund 100 Hotels mit insgesamt 30 000 Betten sowie etwa 180 Restaurants den Sonnenstrand, der über die gesamte Länge von einer breiten **Strandpromenade** begleitet wird. Sie ist

Im alten Kapitänshaus von Nesebăr verwöhnt heute ein Restaurant seine Gäste

zwar als Fußgängerzone ausgewiesen, dient aber zuweilen auch Skatern und Rollerfahrern als Rennstrecke. Meist jedoch flanieren die Gäste ungestört zwischen Boulevardcafés und Souvenir- oder Kleidungsständen. Man kann auch Gummiboote und Sandspielzeug erwerben, Ausflüge ins Landesinnere buchen oder Fahrräder und Elektroroller leihen. Überhaupt ist das **Unterhaltungsangebot** überwältigend groß, am Strand gibt es Volleyball- und Minigolfplätze, man kann Kegeln, Reiten, Bogenschießen und natürlich Wassersport betreiben – Tretboot fahren, Bananaboat reiten, Kitesurfen oder Segeln. Außerdem bieten Masseure den Badegästen ihre Dienste an, die Preise sind sehr günstig, die Behandlung hoch professionell. Abends sorgt ein umfangreiches Vergnügungsangebot für Abwechslung. Themenrestaurants organisieren Varieté- und Folkloreshows, Diskotheken begeistern die in immer größerer Zahl anreisende Jugend.

Direkt an der Promenade mit Blick aufs Meer stehen die Luxushotels. Dahinter erstreckt sich ein Grünstreifen mit der verkehrsberuhigten Fahrstraße, jenseits davon ziehen sich weitere Hotels in mehreren Reihen parallel zur Küste hin. Die Unterkünfte in der ›zweiten Reihe‹ sind umgeben von allerlei Läden, Boutiquen und Supermärkten, die alles für den täglichen Bedarf, für den Strandaufenthalt und für den modebewussten Tanzlokalbesuch anbieten. Das ›Ortszentrum‹ von Sonnenstrand befindet sich ungefähr in der Mitte des Resorts beim Hotel Kuban. Es zeichnet sich durch seine Ballung von Fast-Food-Restaurants, schicken Boutiquen und angesagten Diskotheken aus. Im südlichen Bereich von Slančev Brjag säumt ein Dünengürtel den Strand. Hier ist auch ein Areal für FKK-Freunde ausgewiesen.

Elenite

Knapp 10 km nördlich des Sonnenstrandes liegt nahe dem felsigen Kap Emine am bewaldeten Südhang eines Balkanausläufers die autofreie Feriensiedlung Elenite. Zu dem beliebten überschaubaren

Himmelstürmer und Wellenreiter sind in Sonnenstrand in ihrem Element

Fährboot, das Boot verbindet Sonnenstrand-Nord mit Alt-Nesebär und verkehrt je nach Bedarf. Abfahrt vor dem Hotel Victoria Palace. Von Fahrten bei unruhiger See ist abzuraten.

Touren

Hotels und Reisebüros bieten zahlreiche Ausflüge an, darunter Touren zu den Balkan-Dörfern ins Landesinnere. Ferner Ausflüge in die bulgarische Hauptstadt Sofia oder in die türkische Kapitale Istanbul. Hinzu kommen Tagessafaris mit allradgetriebenen Fahrzeugen oder abenteuerliche Querfeldeinfahrten mit einem ›Monstertruck‹ in die Berge.

Sport

Action Aquapark, hinter dem Hotel Kuban, Sonnenstrand, Tel. 05 54/262 35, www.aquapark.bg, Ende Mai–Mitte Sept. tgl. 10–18 Uhr. Wasserrutschen, Pools, Piratenschiff u. v. m.

Windsurf, Kite and Katamaran School, am Strand vor dem Hotel Pirin, Sonnenstrand. Bestens gewartete Ausrüstung, professionelle Instruktoren. Kitesurf-Ausrüstung vorhanden.

Angeln, mit einem Fischerboot geht es morgens hinaus aufs Meer. Ein Angelschein ist nicht erforderlich. Abfahrt vor dem Hotel Albatros, Sonnenstrand.

Nachtleben

Iceberg, Zentrum gegenüber dem Hotel Alba, Sonnenstrand, Tel. 0885/00 63 58, www.disco.bg/iceberg. Techno und Pop (tgl. ab 22 Uhr).

Mania, im Zentrum neben der Post, Sonnenstrand, Tel. 0897/94 26 27, www.disco.bg/mania. Techno und House-Tempel mit zwei Etagen, auf dem Dach gibt's Disko am Pool (tgl. ab 22 Uhr).

XL, im Hotel Kuban, Sonnenstrand, Tel. 0888/31 53 14, www.disco.bg/xl. House, Latino und Retro (tgl. ab 23 Uhr).

Hotels

****Alba**, im Zentrum, Sonnenstrand, Tel. 05 54/222 80, www.alba-hotel.com. Elegant-kühl gestaltetes und in mediterranem Stil eingerichtetes Luxushotel 50 m vom Strand. Hauseigenes Schwimmbad.

Resort gehört ein 1 km langer Sandstrand, über dem sich wie Villenviertel angelegte All-Inclusive-Hotels, Apartmentbauten und Geschäfte den Hang hinauf staffeln.

ℹ Praktische Hinweise

Information

Es gibt kein offizielles Touristenbüro. Auskünfte erhält man in Hotels und Reisebüros. www.sunny-beach.com

Verkehrsmittel

Busse verkehren von Sonnenstrand-Nord durch das Hotelareal bis Alt-Nesebär etwa jede halbe Stunde. Busse nach Burgas und Varna fahren stündlich und halten in Sonnenstrand nur im zentralen Bereich an der Post. Auskunft über die Fahrtzeiten bei den Hotels.

Touristenbahn, das Bimmelbähnchen verkehrt entlang der Fahrstraße hinter den Hotels zwischen Sonnenstrand-Nord und Sonnenstrand-Süd halbstündlich bis tief in die Nacht.

****Bellevue Beach**, am nördlichen Ende von Sonnenstrand, Tel. 05 54/255 75. Direkt an der Strandpromenade gelegenes Haus mit zuvorkommendem Service und großen Zimmern. Restaurant mit guter Küche. Pool im Garten.

****Iberostar Tiara Beach**, im südlichen Bereich von Sonnenstrand, Tel. 05 54/ 296 00, www.iberostar.com. Großzügige, modernisierte Hotelanlage direkt an der Promenade. Mit Restaurant und Bar, Pool und Animationsprogramm.

****Korona**, im südlichen Bereich von Sonnenstrand, Tel. 05 54/230 00. Gemessen an den umliegenden Häusern ein eher kleines, modernes Haus am Strandabschnitt für Freikörperkultur.

Restaurants

Hanska Šatra, über der Bucht am nördlichen Ende von Sonnenstrand, Tel. 05 54/228 11. Rundbau mit großer Aussichtsterrasse und schöner Fernsicht über die Küste. Empfehlenswertes Ausflugslokal, in dem man tagsüber gut speisen und abends bei einem Unterhaltungsprogramm dinieren kann. Ab 21.30 Uhr gibt es Varieté mit Ballett sowie Akrobatik mit Einrad, Jongleur und Buffo.

Vjeterna Melnitsa, etwas außerhalb im Norden von Sonnenstrand, Tel. 05 54/ 228 12. Die Gäste sitzen gemütlich-rustikal auf der Terrasse, essen Paprikaš und Musaka und schauen traditionellen Tänzen und als krönendem Abschluss dem Feuertanz zu.

17 Sosopol

Die meerumgebene Altstadt besticht mit einem romantischen Ensemble von Wiedergeburtsarchitektur.

In vielerlei Hinsicht ähnelt die 4000-Einwohner-Stadt 30 km südlich Burgas dem malerischen Nesebär etwas weiter im Norden. Auch Sosopol besitzt eine zauberhafte Altstadt, die auf einer weit ins Meer hinausragenden Felsenhalbinsel liegt. Eine 100 m lange Landzunge stellt die Verbindung zur Neustadt am Festland her. Und auch im alten Sosopol bieten gut erhaltene und restaurierte Wiedergeburtshäuser mit vorkragenden dunkelhölzernen Obergeschossen einen malerischen Anblick. Zu Anfang des 20. Jh. traf sich hier die Literaten- und Kunstszene Bulgariens und machte Sosopol zu einem der extravagantesten Orte an der Küste. Heute tummeln sich die Ausflügler aus den nahen Hotelresorts in den schmalen Gassen und auf den Promenaden, kaufen Souvenirs oder besuchen eines der vielen Restaurants und Cafés.

Auch Sosopol verfügt über ansprechende Strände. In der felsigen Südbucht zwischen Alt- und Neustadt befindet sich der schmale, im Sommer stark frequentierte **Hauptstrand**. Wer es etwas ruhiger mag, sollte den unweit südlich jenseits eines kleinen Kaps am Festland gelegenen **Hamani-Strand** aufsuchen, der etwas weitläufiger ist. Der ebenfalls recht lange **Goldfischstrand** befindet sich 3 km nördlich der Stadt.

Ein bisschen Kitsch, ein bisschen Kunst – Shoppingfreuden in Sosopols Altstadt

Sonnenschirm an Sonnenschirm reiht sich am Strand von Sosopol

Geschichte Im 2. Jt. v.Chr. sollen der Legende nach Jason und die Argonauten bei Sosopol gelandet sein. Der griechische Mythos lässt sich natürlich nicht beweisen, doch Steinanker aus dieser Zeit belegen einen damals bereits regen Handel zwischen den hier ansässigen Thrakern und Phöniziern aus dem Mittelmeerraum. Im 7. Jh. v.Chr. nahmen nach und nach griechische Kolonisten aus Milet die thrakische Küstensiedlung in Besitz und nannten sie **Apollonia Pontica**, ›Hafen des Apoll‹. Man handelte mit Honig, Wachs, Wein und Olivenöl sowie mit Schmuck, Kleidung und Tonwaren. Über dem Hafen wachte eine 10 m hohe und 13 t schwere bronzene Apollostatue des Künstlers Kalamis. Nachdem die Handelsniederlassung vom römischen Heer eingenommen worden war, kam die Statue im 1. Jh. als Siegesbeute nach Rom, wo sie später eingeschmolzen wurde.

Als das Christentum im Jahr 330 zur römischen Staatsreligion ernannt wurde, erhielt Apollonia den Namen Sosopolis, ›Stadt der Rettung‹. Sie ging im 6. Jh. an Byzanz und wurde 300 Jahre später von Khan Krum erobert. Mitte des 14. Jh. zerstörten genuesische Kriegsschiffe Sosopol, 1453 nahmen es die Türken nach langer Belagerung ein. Der Hafen verlor

an Bedeutung und künftig fristete der Ort ein Dasein als kleines Fischerstädtchen – bis es die Touristen entdeckten.

Besichtigung Gegenüber der Busstation am Eingang zur Altstadt steht im Stadtpark die Kirche **Sv. Sosim**. Sie entstand während der türkischen Herrschaft und ist deshalb etwas im Boden vertieft angelegt, da damals kein Kirchengebäude höher sein durfte als die Moscheen. Weiter Richtung Altstadt beherbergt linkerhand das **Archeologičeski Musej** (Pl. Khan Krum 2, tgl. 9–18 Uhr, winters Mo–Fr 9–16 Uhr) Funde aus thrakischer bis römischer Zeit, darunter Tonwaren, Schiffsmodelle und als besonderen Schatz eine kleine Holzstatuette des Gottes Apoll aus dem 5. Jh. v.Chr. Die Kopie eines reliefierten Grabsteins aus dem 6. Jh. v.Chr. zeigt den spartanischen König Anaksamander beim Füttern seines Hundes. Das Original befindet sich im Archäologischen Museum Sofia [s. S. 119]. Auch die gegenüberliegende einstige Kirche **Sv. Sv. Kiril i Metodij** gehört zum Archäologischen Museum und wird für Konzerte und Sonderausstellungen genutzt.

Anschließend lohnt ein Bummel durch die engen Gassen der Altstadt. Dort herrschen die typischen Schwarzmeerhäuser vor mit ihrem steinernen Unterbau und dem geschnitzten hölzernen Obergeschoss. 45 von ihnen stehen heute unter Denkmalschutz. Im Herzen der Altstadt erhebt sich die der Jungfrau Maria geweihte Kirche **Sv. Bogorodica** (Ul. Anaksamander 5, Juli/Aug. tgl. geöffnet, sonst Schlüssel im Archäologischen Museum) aus dem 17. Jh. Auch sie ist halb in den Boden eingelassen. Zum Betraum steigt man über eine Treppe hinab. Beachtenswert sind Altar und Bischofsstuhl, beide um 1800 von Meistern ihres Faches geschnitzt. Ebenfalls eine ausgezeichnete Schnitzarbeit ist die hölzerne Sichtblende, hinter der einst Frauen am Gottesdienst teilnahmen.

Am nordöstlichen Ende der Landzunge steht direkt am Wasser die Kunstgalerie **Hudožestvena Galeria** (Ul. Kyril i Metodij 70, tgl. 8.30–18.30 Uhr). Sie zeigt Gemälde und Skulpturen lokaler Künstler sowie eine Reihe moderner Gemälde mit maritimen Sujets.

Vor der Küste liegt **Sv. Ivan**, mit 660 ha die größte Insel Bulgariens. Auf ihr gab es früher eine Marinebasis, heute gehört das zum Vogelschutzgebiet erklärte Eiland der Natur. Man kann jedoch mit Fischer- oder Ausflugsbooten von Sosopol aus nach Sv. Ivan übersetzen und die dortige Vogelwelt beobachten, u.a. elegante Zwergkormorane. Zeugnisse früherer menschlicher Besiedlung sind ein Leuchtturm sowie die Ruinen einer Festung und eines Klosters aus dem 13. Jh.

ℹ️ Praktische Hinweise

Information

Es gibt kein offizielles Tourismusbüro. Auskünfte erhält man in Hotels und Reisebüros. www.sozopol.com

Verkehrsmittel

Busse fahren mehrmals tgl. entlang der Küste und ins Landesinnere bis Sofia. Der Busbahnhof liegt auf der Landenge zwischen Neu- und Altstadt (gegenüber dem Archäologischen Museum).

Feste

Apollonia Festival, Ende Aug./Anfang Sept. in Sosopol. Nationale und internationale Künstler präsentieren traditionelle und moderne Produktionen. Die Altstadt wird zur Bühne für Theater- und Tanzaufführungen, Konzerte und Kinovorstellungen. Infos: **Fondazija Apollonia**, 11, Slaveykov Pl., Sofia, Tel. 02/98078 33, www.apollonia.bg

Die Altstadt von Sosopol erstreckt sich auf einer länglichen Felsenhalbinsel

An der reizvollen Küste bei Djuni werden alle Arten von Wassersport geboten – ob Paddler, Surfer oder Segler, hier kann jeder nach seiner Fasson glücklich werden

Hotels

***Flagman**, Ul. Odessa 1, Sosopol, Tel. 0550/24301, www.hotel-flagman.com. Ansprechendes Hotel in der Neustadt. 50 Zimmer mit Blick aufs Meer 100 m vom Hamani-Strand entfernt. Zur Ausstattung des 2010 renovierten Hauses zählen Schwimmbecken und Sauna. In der Nebensaison gibt es viele Tagungsgäste.

***List**, Ul. Černo More 5, Sosopol, Tel. 0550/22235, www.hotellist-bg.com. Moderne, geschmackvoll eingerichtete Zimmer mit allem Komfort nahe dem alten Stadtstrand in der Neustadt. Das Haus bietet ein Schwimmbad, eine Sauna und eine Terrasse für FKK-Freunde. Viele Gruppenreisende steigen hier ab.

Restaurant

Vjeterna Melnitsa, Ul. Morski Skali 27, Sosopol, Tel. 0550/22844. Die ›Windmühle‹ in der Altstadt serviert deftige bulgarische Speisen wie Tarator, dazu gibt es manchmal ein kleines Folkloreprogramm.

18 Djuni

Das exklusive Resort an malerischer Meeresküste verspricht perfekte Ferientage.

6 km südlich von Sosopol liegt an einem sanften Küstenhang über einer Bucht das Feriendorf Magic Life Djuni. Seine etwa 2000 Gäste pro Jahr finden reichlich Platz am 4 km langen und bis zu 100 m breiten hellen Strand. Die Küste fällt ganz sanft ins Wasser ab, sodass sich das Resort

Ornithologische Spaziergänge im Schilf

Durch bis zu 3 m hohe Dünen vom Strand getrennt dehnt sich im Hinterland von Djuni auf 167 ha das **Naturreservat von Alepu** mit Seen, Sümpfen und einer reichen Vogelwelt aus. Lilien wachsen an den Seeufern, im hohen Riedgras nisten Brackwasser-Wiedehopfe, Zwergschnepfen, Rothalstaucher, Schafstelzen, Waldschnepfen u.v.m. Spaziergänge durch das Schutzgebiet sind vom Resort aus möglich, vom Parkplatz an der Hauptstraße führen schmale Pfade teils auf Holzstegen durch das Moor.

Abwechslung vom Strandleben bietet eine Erkundungstour per Boot über die grüngesäumten Wasserwege des Ropotamo

sehr gut für Familien mit kleinen Kindern eignet. Außerdem wird den Hotelgästen ein umfangreiches Sport- und Unterhaltungsprogramm geboten. Es gibt z.B. Tennis- und Minigolfplätze, man kann Surfbretter leihen, Wasserski fahren oder Segeln lernen. Miniclubs umsorgen die Kleinen und abendliche Shows erfreuen die großen Gäste.

Das überschaubare Resort besteht hauptsächlich aus All-Inclusive-Anlagen mit niedrigen, locker im Grün verteilten Gebäuden. Sie sind von Mai bis Oktober geöffnet und in der Hochsaison nur pauschal buchbar. Ein Teil der Anlagen ist im Stil der Wiedergeburt konzipiert, bei dem die hölzernen Obergeschosse der dorfähnlich gruppierten Wohnhäuser über den steinernen Unterbau vorkragen. ›Pelikan‹ heißt der luxuriöseste Hotelkomplex, 200 m vom Strand entfernt und inmitten eines parkähnlichen Gartens gelegen. Das ›Royal Marina‹ liegt dem Strand am nächsten, diverse Apartmenthäuser verteilen sich im Hinterland.

ℹ️ Praktische Hinweise

Hotel
****Duni Royal Resort**, Djuni, Tel. 05 50/ 222 60, www.duni.bg. Hübsche Anlage direkt am Strand mit All-inclusive-Clubs und Hotels unterschiedlicher Kategorie.

19 Priroden Reservat Ropotamo

Mit dem Boot durch eine märchenhafte Urwaldlandschaft aufs Meer hinaus.

Um die Mündung des nur 20 km langen Ropotamo zwischen den felsigen Kaps Chumata und Korakja wurde im Jahr 1992 ein 5000 ha großes Nationales Schutzgebiet eingerichtet, vor allem wegen der am Fluss vorkommenden *Wasserlilien*. Es umfasst ferner die Schlangenbucht

In den Wäldern des Naturschutzgebietes am Ropotamo fühlen sich selbst Wölfe wohl

an der Küste, die vorgelagerte Schlangeninsel und das nördlich der Mündung gelegene Sumpfgebiet um den **Arkutinovo Ezero**. Besonders um diesen See von Arkutino hat man sehr gute Möglichkeiten, Rohr- und Zwergdommel, Pelikan, Eisvogel, Seidenreiher, Purpurreiher, Zwergscharbe, Löffelente, Wasserralle und verschiedene Schwalbenarten zu beobachten. Der Frischwassersee misst etwa 150 x 250 m, ist aber nur 50 cm tief.

Das sich südlich davon erstreckende **Mündungsdelta** ist mit dichten Wäldern bedeckt. Hier sieht man zwischen Eichen, Buchen und Weiden Rot- und Schwarzwild, Dam-, Reh- und Muffelwild, Wolf, Schakal und Fuchs sowie Wildschweine. Im Herbst, wenn die Strandurlauber die Küste verlassen, beginnt in den umliegenden, zur Jagd freigegebenen Revieren die **Jagdsaison**. Die staatliche Jagdstation (s.u.) organisiert im Sommer und im Herbst auch Touren für ›Foto-Jäger‹.

Urlauber können das malerische Ropotamo-Flussdelta im Juli und im August bequem bei einem **Bootsausflug** erkunden. Die Anlegestelle befindet sich etwa 5 km südlich von Djuni gleich unterhalb der Küstenstraße E 87 an der Brücke über den Fluss. Auf Wunsch ergänzen die Schiffer die Tour um einen etwa einstündigen Abstecher aufs Meer hinaus zur Schlangeninsel **Smijski Ostrov**. Man legt dort allerdings nicht an, denn die Insel ist als Heimat zahlreicher, meist ungiftiger Nattern geschützt. Außerdem ist das Eiland der einzige Fleck Bulgariens, an dem wilde Kakteen gedeihen.

ℹ Praktische Hinweise

Jagdstation Ropotamo,
Forstverwaltung Arkutina,
8290 Primorsko, Tel. 05 50/322 23

20 Primorsko

Ungezwungener Strandtrubel und Wasserspaß locken vor allem junge Urlauber.

Südlich des markanten Kap Maslen erstreckt sich das zur Ferienhochburg ausgebaute Städtchen **Primorsko** (3300 Einw.) zwischen seinen Stränden auf einer langen Landzunge ins Meer. Es markiert etwa die Mitte einer lang gezogenen Bucht, die auf rund 10 km Länge von feinen Sandstränden gesäumt ist. Hier trifft sich vor allem die Jugend – wenn

Liebliche Namensgeberin

Einst verliebten sich ein Pirat und **Ro**, die schöne Tochter eines persischen Kaufmanns, unsterblich ineinander. Vor dem darüber erbosten Vater floh das junge Paar in ein dicht bewaldetes Flussdelta an der felsigen Schwarzmeerküste. Schließlich schenkte der **Pirat** seiner Geliebten ein goldenes Boot, mit dem sie Ausflüge entlang der Küste und auf dem Fluss unternehmen konnte. Wann immer nun griechische Kauffahrer das Mädchen in ihrem goldenen Boot sahen, wussten sie sich nahe der **Flussmündung** und nahmen sich vor den dortigen Untiefen in Acht. Zum Dank nannten sie den Fluss künftig nach dem Mädchen Ropotamo, also ›Fluss der Ro‹.

schon nicht der Welt dann zumindest Bulgariens.

Primorsko war bereits in sozialistischer Zeit zum Urlaubsort ausgebaut worden, nach der Wende kamen weitere Mittelklassehotels für preisbewusste Gäste hinzu. Nach wie vor sind die Preise hier günstiger als weiter im Norden und die Strände können ohne weiteres mit den berühmten ›goldenen‹ und ›sonnigen‹ konkurrieren. Ein weiterer Grund für den hohen Bekanntheitsgrad von Primorsko ist das unweit südlich der Stadt zwischen Pappeln, Eichen und Birken gelegene internationale Jugendlager **MMC Primorsko** (www.gap-tours.com). In der vormaligen Ferienanlage Georgi Dimitroff durften zu kommunistischer Zeit bis zu 3000 ausgewählte Jugendliche aus dem Ostblock und aus nicht-kommunistischen Ländern gleichzeitig Urlaub machen. Bis 2003 wurde die Anlage weiter als Jugendferienzentrum genutzt. Heute ist sie ein beliebtes Ferienresort. Außerdem entstanden mehrere Zwei- bis Vier-Sterne-Hotels, weitere Unterkünfte und ein Golfplatz.

Entlang des nördlichen Küstenabschnitts der Bucht von Primorsko erstreckt sich das 40 ha große vogelreiche Biotop von **Stamopolu**. Hier besaß der einstige bulgarische Präsident Todor Živkov (1911–1998) eine Sommerresidenz, die noch heute als moderner, weißer Betonbau protzig den Strand beherrscht und weiterhin nur hoch gestellten Staatsdienern offensteht.

Fischfang und Tourismus prägen das traditionsreiche Achtopol

ℹ Praktische Hinweise

Hotels

***Elit**, Ul. Černo More 2, Kiten
(ca. 2 km südlich von Primorsko),
Tel. 056/84 15 71, www.hotelelit.com.
Modernes Haus an der Küste, etwa
150 m vom Atliman-Strand entfernt.
Die zwölf Zimmer und drei Apartments
verfügen über eine Klimaanlage. Das
Haus bietet außerdem eine Sauna und
einen Parkplatz.

***Perla Beach**, Ul. Georgi Kondolov
(beim Nordstrand), Primorsko,
Tel. 05 50/321 63, www.perla-beach.de.
Der Komplex am Strand besteht aus
dem alten, nicht renovierten Perla Beach
III mit einfachen Unterkünften und den
angenehmen neuen Häusern I und II.
Hier erwarten einen 120 großzügige
Zimmer und ein Pool. Der Kinderklub
und ein Animationsteam für die Teen-
ager sorgen für Unterhaltung. Beliebt
bei Club-Urlaubern.

***Spectar Palace**, Ul. Treti Mart
(nahe Südstrand), Primorsko,
Tel. 05 50/335 29, www.spektar-palace.
com. Modernes Haus mit freundlich
eingerichteten Zimmern, Swimmingpool und Hotelgarage.

21 Achtopol

*Reizende Kleinstadt, umgeben
von malerischen felsengerahmten
Stränden.*

Peronticus nannten die Römer den thra-
kisch-griechischen Fischerort auf dem
Felssporn am Meer, der sich um 680 in
Agatapolis, ›Stadt des Glücks‹, umbe-
nannte. Doch der fromme Wunsch blieb
unerfüllt, mehrmals wurde der Ort im
Laufe seiner weiteren Geschichte von
Piraten teilweise zerstört und brannte
1912 sogar vollständig ab. In der Neuzeit
scheint sich das Blatt allerdings zu wen-
den, denn immer mehr **Sommerurlauber**
entdecken den erfreulich unspektaku-
lären Ort (1300 Einw.), der die meisten Son-
nenstunden der gesamten Schwarzmeerküste aufzuweisen hat. 1100 sollen es pro
Jahr sein. Die kann man sehr schön an
dem 2 km langen **Strand** im Norden
Achtopols genießen, der ausgesprochen
flach ins sonnenerwärmte Wasser abfällt.

Bei einem Stadtbummel erinnern Reste alter **Festungsmauern** immer wieder
an die thrakische Epoche, ebenso das
Steinrelief eines thrakischen Reiters am
Stadtbrunnen auf dem zentralen Marktplatz. Auf einem Hügel über dem ge-

Zwischen Meer und Lagune liegt die reizvolle Sandbank von Sinemorec

schäftigen Fischerhafen von Achtopol hat die unscheinbare, 1776 halb ins Erdreich eingelassene christliche **Kirche** des Ortes den Feuersturm von 1912 überdauert. Im Inneren sind farbenfrohe Fresken mit Heiligenfiguren aus dem 19. Jh. zu sehen.

22 Sinemorec

TOP TIPP *Beschauliches Grenzdorf mit einladender Sandbank.*

Bis zur Wende 1989 war Sinemorec aufgrund seiner Nähe zur türkischen Grenze militärisches Sperrgebiet, heute säumen Ferienhäuser der bulgarischen Mittelschicht mit Blick über Küste und Meer die grün bewaldeten Hügel rings um den Ort und auch Badeurlauber aus dem Ausland zieht es zunehmend hierher. Ihnen gefällt das einfache und unverfälschte Urlauberdasein   tief im bulgarischen Süden, *Naturfreunde* besuchen von hier aus den nahen Nationalpark Strandža [Nr.23].

Nördlich von Sinemorec mündet der Fluss *Veliko* ins Meer und bildet dabei eine über 1 km lange **Sandbank** zwischen Süß- und Salzwasser, auf der sich im Sommer die bunten Tupfen der Sonnenschirme dicht an dicht drängen. Auch südlich des Ortes bildet die an sich felsige Küste immer wieder nette kleine sandige Badebuchten aus.

ℹ Praktische Hinweise

Hotel

*****Villa Philadelphia**, Sinemorec, Tel. 590/661 06, www.villaphiladelphia.com. Modernes 6-Zimmer-Hotel auf einem Hügel über dem Meer mit schönem Panoramablick. Geschmackvolle Einrichtung. Snacks bekommt man im angeschlossenen Café-Restaurant. Die Besitzer organisieren Ausflüge und Birding-Touren.

23 Narodni Park Strandža

Im Reich der gefiederten Sänger – dichte Wälder, klare Flüsse, einsame Dörfer.

Nahe der Grenze zur Türkei verläuft das auf türkischer Seite über 1000 m hohe **Strandža-Gebirge**, die höchste Erhebung im bulgarischen Bereich ist der 710 m aufragende *Gradište*. Ein Teil dieses Berglandes zwischen der Grenze im Süden und dem Fluss Veliko im Norden nimmt der **Strandža-Nationalpark** ein, das mit 1161 km² größte Naturschutzgebiet Bulgariens. Seine Fläche entspricht 1% der Landesfläche bzw. knapp 25% aller bulgarischen Schutzgebiete.

Der Park ist in mehrere **Schutzzonen** aufgeteilt, die unterschiedlich genutzt werden. Es gibt Naturreservate für Fauna und Flora, Schutzgebiete von historischem oder geologischem Interesse und Regionen, die generell nicht betreten werden dürfen. Andererseits führt die E 87 vorbei am Gradište mitten durch den Nationalpark, in dem auch mehrere Ortschaften liegen. Daneben erschließen markierte **Wanderwege** von etwa 20 km Gesamtlänge die waldreiche Bergwelt und selbst kombinierte Auto-/Wander-Touren sind möglich.

Das milde Klima des Gebirges und starke jährliche Niederschläge von fast 1000 mm begünstigen zusammen mit den tiefen, die Feuchtigkeit auch im Sommer haltenden Tälern eine üppige urtümliche **Flora**. Dabei spiegelt sich in

Mit etwas Glück kann man im Strandža-Nationalpark auch Schreiadler beobachten

diesem Pflanzenreichtum der Übergang vom europäischen zum asiatischen, vom mediterranen zum alpinen Landschaftsraum. Über 80 Baum- und Straucharten gedeihen im Nationalpark, darunter Hainbuchen, Eichen, Kirschlorbeer und Stechpalmen. Mit riesigen violetten Blüten begeistert der Rhododendron, das Symbolgehölz von Strandža, das auch das Wappen des Nationalparks ziert. Ebenfalls außerordentlich vielfältig ist die **Vogelwelt** entlang der Wasserläufe: Schwarzstorch, Schmutzgeier, Stein- und Schreiadler, Blut-, Bunt- und Schwarzspecht, Abendfalke, Rötelschwalbe, Rotschwanz, Trauermeise, Hohltaube, Mittelmeerschmätzer, Rotkopfwürger und Wendehals sind hier zu Hause. Und schließlich trifft man im Park auf zahlreiche Reste früherer **Kulturen**, thrakische Dolmen, römische Nekropolen sowie mittelalterliche Festungen, Kirchen und Klöster. Ein thrakisches *Kuppelgrab* aus dem 1. Jh. v. Chr. liegt z. B. bei Miškova Niva ganz im Südwesten. In der römischen Epoche wurde die Opferstätte neben dem Grab zu einem Apollo-Tempel umgebaut.

Das Dorf **Brüšljan** 11 km nordwestlich von Malko Tärnovo bietet das besterhaltene Ensemble regionaltypischer Architektur des 17.–19. Jh. im Strandža-Gebirge. Nicht weniger als 76 der Gebäude stehen unter Denkmalschutz. Auf einem Unterbau aus Bruchstein erhebt sich jeweils das Obergeschoss aus dunklem Holz, das Ziegeldach ragt weit über den Bau hinaus und schützt die Fassade vor Regen. Bunte Blumengärten umgeben diese bäuerliche Idylle.

Touren im Strandža Nationalpark

Der Strandža-Nationalpark besitzt im östlichen Teil ein sanftes, hügeliges Profil und wird nach Westen zu schroffer. Hier erfordert das karstige Gelände mit seinen Spalten, Dolinen und Höhlen auch vom erfahrenen Wanderer eine gewisse Vorsicht und Trittsicherheit. Die Wanderwege im Nationalpark sind allerdings nicht durchgängig ausgeschildert, die Wanderkarte der Nationalparkverwaltung reicht daher nur bedingt zur Orientierung aus. Wer Touren unternimmt, sollte also einen Kompass dabei haben oder sich einem Führer anschließen. Folgende Wanderungen sind offiziell ausgewiesen:

Bŭlgari – Kloster Sv. Troica – Velika (20 km)

Bŭlgari – Silkosia Reservat – Kosti (14 km)

Bŭlgari – Kondolovo – Gramatıkovo – Teufelstal (15 km)

Pisvenovo – Visica (20 km)

Sinemorec – entlang des Flusses Veliko – Zarenquelle (20 km)

Svedets – Evrenosovo – Mladensko (12 km)

Man sollte die Gelegenheit wahrnehmen, den Nationalpark von der Mündung des Veliko aus per **Ausflugsboot** oder per **Kanu** zu erkunden. Eine längere Bootstour führt zur *Zarenquelle* weiter flussaufwärts, an der ein Picknickplatz zum Verweilen einlädt.

ℹ️ Praktische Hinweise

Information

Strandža Nationalpark, Ul. Janko Maslinkov 1, Malko Tărnovo, Tel. 02/997 26 46, www.discoverstrandja. com. Im Büro der Nationalparkverwaltung ist eine Wanderkarte erhältlich.

Touristeninformation Malko Tărnovo, im Historischen Museum 2 km außerhalb in Richtung Miškova, Tel. 059 52/ 29 98, www.visitmalkotarnovo.net. Zimmer- und Führervermittlung.

Feste

Feuertanz, Bŭlgari. Am Patronatstag des Sv. Konstantin (3. Juni bzw. nächstliegendes Wochenende, nach gregorianischem Kalender 21. Mai) versammeln sich in dem Bergdorf traditionellerweise Feuertänzer, die barfuß über glühende Kohlen laufen. Abends entzündet man große Feuer, verteilt die Glut auf dem Boden und der eigentliche Feuertanz beginnt. Die Männer tanzen sich vor Betreten der Glut zur Musik von Dudelsack und Trommel in Trance.

24   Sliven

Freiheitskämpfer und malerische Felsen machten die Stadt an der Südflanke des Balkans berühmt.

Von Burgas an der Küste führt die gut ausgebaute Fernstraße E 773 am Fuß des Balkans entlang westwärts in Richtung Sofia. Nach 110 km erreicht man am Rand der Ebene von Gornotrakij die **Industriestadt** Sliven (135 000 Einw.), im Norden malerisch akzentuiert von dem hoch aufragenden Felsmassiv der Blauen Steine.

Nach der Erkundung des Strandža-Nationalparks locken Badebuchten bei Sinemorec

Sliven wird mit vielen Beinamen bedacht.›Stadt der hundert Anführer‹ heißt sie etwa, in Anspielung auf den besonders heftigen Widerstand gegen die türkische Herrschaft, ›Stadt der Zigani‹ wegen der zahlreich hier lebenden Sinti und Roma, zuletzt ›Stadt des Windes‹, da aus dem Norden oft heftige Fallwinde von den Bergen herabbrausen.

Geschichte   Sliven hat seinen Ursprung erst im 7. Jh., als die Bulgaren hier an einer Militärstraße von der Donau über den Pass von Vratnik nach Süden eine Festung errichteten. Im 12. Jh. war die Stadt als Istilifunos bekannt, nach ihrer Eroberung durch die Türken 1388 wurde der Name in Islimie geändert. Unter osmanischem Einfluss blühten Handwerk und Kultur, die Stadt war für die Herstellung von **Rosenöl** und von feinen **Stoffen** berühmt. Nach dem Abzug der Türken musste Sliven einen erheblichen Bevöl-

Räuber oder Retter?

Während des Russisch-Türkischen Krieges 1806–12 war Sliven ein Zentrum des bulgarischen Freiheitskampfes, mit dem die Heiducken-Bewegung, bulgarisch Haiduti, untrennbar verbunden ist.

Die Bezeichnung ›Heiduck‹ leitet sich ab vom ungarischen Haidú (Hirt), nahm später aber die Bedeutung von Söldner an. So nannte man räuberische Gesetzlose, die vom 15. Jh. bis ins 19. Jh. hinein von Mazedonien bis Ungarn ihr Unwesen trieben und dabei bevorzugt gegen die türkische Oberschicht vorgingen. Daher wurden sie auch bald, wie in Bulgarien, zu Vertretern nationaler und religiöser Gegenbewegungen stilisiert. In der gesamten Balkanregion führten die als furchtlos und unbeugsam bekannten Heiducken von geheimen Lagern in den Bergen aus, z. B. den Blauen Steinen bei Sliven, einen grausamen Guerillakrieg gegen die türkischen Besatzer. Dabei fanden die Heiducken großen Rückhalt in der Bevölkerung, rekrutierten aus ihren Reihen auch den Nachwuchs und teilten ihre Beute wohl auch gelegentlich mit den Armen, sodass sie in der Geschichte immer wieder als Wegbereiter der Freiheit romantisch verklärt wurden.

kerungsrückgang verkraften. Gleichzeitig entstanden aber auch **Textilmanufakturen**, die bis heute Bestand haben und das Bild der Stadt prägen. Für Urlauber ist Sliven in erster Linie als Ausgangspunkt für Touren in den Balkan bzw. den Nationalpark Blaue Steine (s. u.) interessant.

Besichtigung   Das Historische Museum, **Istoričeski Musej** (Bul. Car Osvoboditel 18, Mo–Fr 9–12 und 14–17 Uhr), an der Haupteinfallstraße kurz vor dem Zentrum dokumentiert die Vergangenheit der Stadt z. B. mit griechischen Vasen aus einem thrakischen Grab, mit römischen Münzen und einer Kollektion von Gewehren des 19. Jh., die vielfach aus Slivens Waffenschmieden stammen. Eine ethnografische Sammlung zeigt bäuerlichen Hausrat und Hochzeitskostüme.

Das **Kŭšta Musej** (Ul. Simeon Tabakov 5, Mo–Fr 9–12 und 14–17 Uhr), ein Hausmuseum zum Slivener Lebensstil des 19. Jh., dokumentiert das städtische Leben jener Zeit. Im nahen **Kŭšta Musej Hadši Dimitŭr** (Ul. Asanov, Mo–Sa 9–12 und 14–17 Uhr) wird stellvertretend für viele seiner Gefährten des Hadši Dimitŭr gedacht. Er wurde 1840 in Sliven geboren und fiel 28-jährig als Guerillakämpfer gegen die Türken [s. S. 95]. Die äußerst einfache Einrichtung dieses Hausmuseums stammt aus der Mitte des 19. Jh.

ℹ Praktische Hinweise

Information
Sinite Kamani Nationalpark, Ul. Orešak 15a, Sliven, Tel./Fax 044/66 29 61

Hotels
****Imperia**, Ul. Panajot Hitov, Sliven, Tel. 044/66 75 99, Fax 044/66 73 20, www.imperia.sliven.net. Modernes Hotel mit 35 Zimmern, 6 Suiten und 8 Apartments. Mit Sauna, großem Swimmingpool, Solarium und Fitnesseinrichtungen. Auch ein Tennisplatz steht zur Verfügung. Abends unterhält die Hoteldisko mit aktuellen Hits und Projektionen auf die Videoleinwand.

TOP TIPP   ***Šato Alpia**, neben der Talstation des Sessellifts, Sliven, Tel. 044/66 80 15, www.alpia-tur.com. Das komfortable, in alpenländischem Stil erbaute und ruhig gelegene Haus war einst eine Ferienresidenz für hohe Regierungsbeamte. Es verfügt über 14 Doppelzimmer und drei Apartments, der

Friedlich weidet ein Schäfer seine Herde nahe Sliven am Fuß der ›Blauen Steine‹

Durch die Blauen Steine

Am nördlichen Stadtrand von Sliven befindet sich bereits an den Flanken des Gebirges die Talstation eines Sessellifts (Mo 12.30–17, Di–Sa 8.30–17 Uhr), der zum Felsmassiv Sinite Kamani hinaufführt. Diese ›**Blauen Steine**‹ sind seit 1980 als Nationalpark ausgewiesen, dem **Narodni Park Sinite Kamani**. Der Lift bringt Besucher in 20 Min. von 390 m auf knapp 1000 m Höhe, von wo aus mehrere markierte Wanderwege (Karte bei der Parkverwaltung, s.u.) durch lichte Mischwälder, über Wiesen und teils über nackten Fels zu den Naturwundern des Parks führen. Festes Schuhwerk, Getränke und Sonnenschutz sind für diese Tour allerdings unabdinglich. Sinite Kamani ist berühmt für seine bizarren Felsformationen, etwa den mit Moosen und Flechten bewachsenen 8 m hohen *Halkata* (Ring), einen durch Witterungseinflüsse entstandenen Felsbogen, den Archangela (Erzengel) inmitten eines Buchenwaldes oder die *Enjova Bulka* (Enjosbraut), eine menschenähnliche Felsformation.

Auch die *Tierwelt* der Blauen Steine kann sich sehen lassen. Über den Felsen, Höhleneingängen, Bächen und Wasserfällen schweben Adler, Falken, Geier und Bussarde, durch die Wälder huschen Hasen, Füchse, Wiesel und Wildkatzen, hier äst Rotwild und nachts halten Käuzchen und Uhu Wache.

Service ist sehr zuvorkommend. Das hauseigene bulgarische Spezialitätenrestaurant ist ausgezeichnet und bietet von den Fensterplätzen schöne Ausblicke auf die Stadt oder aufs Gebirge.

Restaurant

Toma, Ul. Velikoknjaĭevska 27, Sliven, Tel. 044/62 33 33, www.hoteltoma.com. In einem Gebäudekomplex aus der Mitte des 19. Jh. wird bulgarische Küche in stimmungsvoller Atmosphäre serviert, man sitzt in rustikalem Ambiente oder im gepflegten Garten. Auch Hotel.

25 Kotel

Zentrum der Webkunst im Balkan.

120 km westlich von Burgas lohnt Kotel einen Besuch, ein Balkanstädtchen mit 6000 Einwohnern, in einem grünen Talkessel gelegen. 1486 tauchte der Ort als Kazan Panaru erstmals in einem türkischen Register auf. Schon damals galten seine Einwohner als wohlhabend, da in der Region intensiv Schafzucht betrieben und die Wolle vor Ort verarbeitet wurde. Dazu kam, dass Kotel als Lieferant von Armeekleidung von Steuern befreit war.

Der daraus resultierende Wohlstand schlug sich auch in der Architektur nieder. Leider haben sich jedoch in Kotel nur wenige historische Gebäude erhalten, da ein Großteil des Ortes 1894 bei einer Feuersbrunst vernichtet wurde. Zwar stehen mehr als 100 Häuser unter Denkmalschutz, doch im überwiegend modernen Erscheinungsbild der Stadt tauchen sie nur vereinzelt auf.

Die schönste Ecke mit einem ganzen Ensemble von Holzhäusern aus der Wiedergeburtszeit findet sich um die 1869 entstandene Schule **Galatanskoto Utčilište** (Ul. Izvorska 17, Mo–Fr 8–12 und 13.30–18 Uhr). Wo einst Kinder unterrichtet wurden, stellt man heute die Entwicklung der Webkunst vor, vom einfachen Tuch über den klassischen Teppich bis zu modernen Dessins. Auch gewebte Ikonen und Bildteppiche sind zu sehen, wie sie noch heute die Frauen auf den Straßen des Ortes an Handwebstühlen fertigen.

Nicht weit davon zeigt das **Kjorpev Küšta Musej** (Ul. Altunlo Stojan 5, Mo–Fr 8–12 und 13.30–18 Uhr) in einem für Kotel typischen Handwerkerhaus von 1872 mit Schlafzimmer, Schneiderwerkstatt und Webstube eine kleine ethnografische Sammlung. Dagegen widmet sich das **Musej Vŭzraždane** (Pl. Vŭsraždane, Mo–Fr 8–12 und 13–17 Uhr), das Museum der Wiedergeburt, am Hauptplatz in vier Ausstellungen den Führern, Ideengebern,

In den Straßen von Kotel kann man Frauen beim Handweben zusehen

Rebellen und Revolutionären der bulgarischen Geschichte.

Im Naturwissenschaftlichen Museum, **Prirodonaučen Musej** (Park Isvorite, tgl. 9–17 Uhr), können Besucher auf 1000 m² die Fauna des Balkans kennen lernen, anhand präparierter Insekten, Vögel, Säugetiere, Reptilien und Amphibien. Die Sammlung der versteinerten Wirbellosen ist ebenfalls sehenswert.

ℹ️ Praktische Hinweise

Hotel
⁂Mirage, Chukarite Villa Zone, Tel. 04 53/24 57, www.miragekotel.com. Großzügige Apartments in Bungalows in einer reizvollen Gartenanlage unter Bäumen. Mit Restaurant und kleinem Kinderspielplatz.

Restaurant
Bistro Central, Pl. Vŭsraždane, Kotel. Einfaches Bistro am Hauptplatz. Serviert wird bulgarische Hausmannskost wie Kjufteta (Hackfleischbällchen) und Tarator (Joghurtsuppe).

26 Žeravna

 Das reizende Bergdorf offenbart sich als Perle der Wiedergeburtsarchitektur.

Wunderschön an einem Hang liegt etwa 15 km südlich von Kotel das Dorf Žeravna (500 Einw.), eine charmante Ansammlung vollständig erhaltener Wiedergeburtsarchitektur. Besucher spazieren durch die kopfsteingepflasterten Gassen, vorbei an niedrigen Holz- und Steinhäusern, die alle mit Veranden und weit vorkragenden Dächern versehen und nach Süden hin ausgerichtet sind. Man bewundert blühende Gärten oder besichtigt eines der vielen Hausmuseen. Auch in Žeravna bieten Frauen ihre Webarbeiten zum Verkauf an und lassen sich bei der Arbeit auch gern über die Schulter schauen.

Die Dorfkirche **Sv. Nikolai** entstand 1834 und wurde von Meistern der Ikonenkunst wie Jordan Michailovic aus Elena sowie Andrej Georgi und Gencho aus Trjavna in siebenjähriger Arbeit mit farbenfrohen Heiligenfresken ausgemalt. Im Jahr 1950 zerstörte ein Feuer den größten Teil der hier aufbewahrten Bücher und Manuskripte, lediglich einige Schriften aus der zweiten Hälfte des 18. Jh.

Idyllische Holzhäuschen machen den Charme des reizenden Bergdorfes Žeravna aus

überstanden den Brand. Im Kirchenraum sind schöne Ikonen und Plastiken ausgestellt, darunter die besonders anrührende Ikone ›Sv. Pantelemeion und Szenen aus seinem Leben‹ von 1726.

Das 1851 errichtete **Sava Filaretov Kŭšta Musej** (tgl. 9–18 Uhr) mit seinem lauschigen Garten unweit der Dorfkirche beheimatet Mobiliar und Kleidung des 19. Jh. Die Stücke wirken zwar eher bescheiden, verraten aber durchaus Wohlstand und Geschmack. Der einstige Besitzer des Hauses, Sava Filaretov (1825–1863), war ein wichtiger Vordenker der bulgarischen Wiedergeburt.

Das 300 Jahre alte Gebäude des **Rusi Čorbaci Kŭšta Musej** (tgl. 9–18 Uhr) in der Nähe gehörte im 19. Jh. dem einflussreichen christlichen Weber Rusi, der ob seiner Kunstfertigkeit sogar den türkischen Ehrentitel Čorbaci erhielt. In seinem einstigen Wohnhaus ist neben textilen Exponaten auch die original erhaltene Ausstattung mit ihren reichen Holzschnitzereien an Regalen, Wandschränken, Decken, Türen und Fensterrahmen interessant. Sie macht das Gebäude zu einem hervorragenden Anschauungsobjekt der bulgarischen Profanarchitektur. Kontrapunktiert wird die Pracht des Inneren durch das betont schlichte Äußere.

Das ebenfalls nahe gelegene **Jordan Jovkov Kŭšta Musej** (tgl. 9–18 Uhr) erinnert an den berühmten bulgarischen Schriftsteller Jordan Jovkov (1880–1937), der in diesem Haus geboren wurde. Heute geben hier Dokumente und Manuskripte Einblick in sein Leben und Werk. Sein berühmtestes und auch ins Deutsche übersetzte Buch war ›Balkanlegenden‹. Im Garten befindet sich eine moderne Skulptur, die den Autor in Gedanken versunken auf einem Stuhl sitzend darstellt.

ℹ️ Praktische Hinweise

Hotels

Hadjigergy's House, Gorny Kray, Žeravna, Tel. 045 85/887 71 99 64, www.hadjigergy.com. Liebevoll restaurierter, über 250 Jahre alter Wiedergeburtshauskomplex mit geschmackvoll eingerichteten Zimmern um einen gepflegten großen Hof. Nahebei bietet ein kleines Restaurant bulgarische Gerichte an.

Restaurant

Mehana Starcha, Žeravna, Tel. 03 59/458 52 00. Das gemütliche Lokal hat sich auf Grillspezialitäten wie Kebabčeta (Hackfleischwürstchen) spezialisiert.

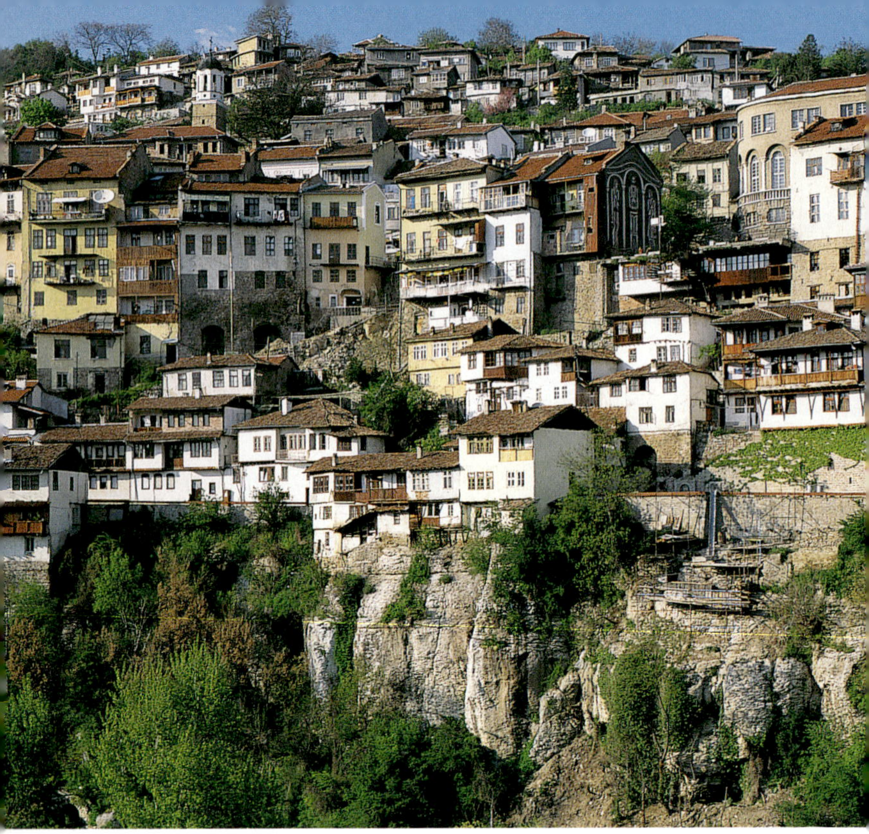

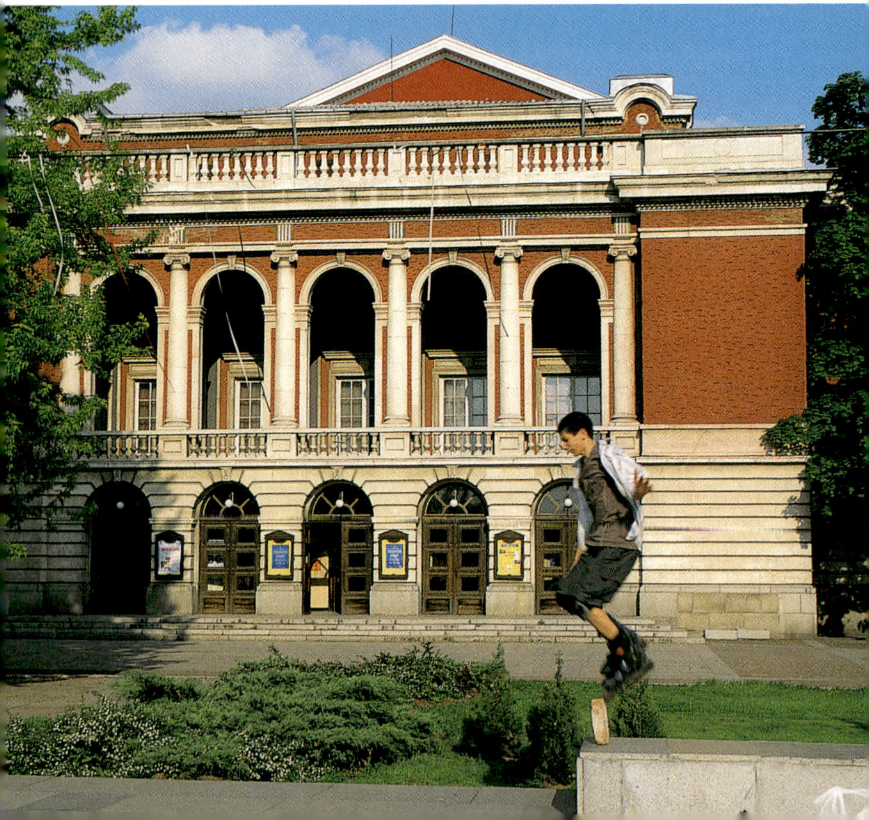

Zwischen Balkan und Donau –
Felsenfestungen und Kornkammer

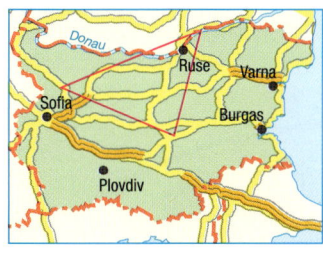

Südlich der Donau erstreckt sich das 20–50 km breite, fruchtbare Donautafelland, das über den Vorbalkan zum Balkan auf über 2000 m Höhe ansteigt, mit dem Botev als höchstem Berg (2376 m)

An der Donau liegt die lebhafte Handelsstadt **Ruse**, deren klassizistische Innenstadt von Wiener Vorbildern geprägt ist. Nicht weit entfernt, im Flusstal des *Cerni Lom*, entstand im Zweiten Bulgarischen Reich (1185–1393) die mächtige heute als Ruine erhaltene Felsenfeste **Červen**. Um sie herum erblühte mittelalterliche Kirchenkultur in Felsenklöstern. Die im Tal des *Rusenski* Lom ins Gestein gehauenen Höhlen und Kirchen von **Ivanovo** geben beredtes Zeugnis von dieser Epoche. Eine wichtige Rolle in Bulgariens Geschichte spielte auch das malerisch an steilen Hügeln angelegte Städtchen **Veliko Tărnovo**. Als *Hauptstadt* des Zweiten Bulgarischen Reiches erlebte es Zarenkrönungen, wurde mit Kirchen und Palästen geschmückt und war schließlich im 19. Jh. Keimzelle der Wiedergeburt. Später, Ende des 19. Jh., wurde hier die Verfassung des Dritten Bulgarischen Reiches niedergelegt. Ein Bummel durch die von Wiedergeburtshäusern gesäumten Gassen lässt diese Vergangenheit wieder lebendig werden.

Stara Planina, ›altes Gebirge‹, nennen die Bulgaren den *Balkan*, der ihr Land von West nach Ost auf 600 km Länge, aber nur 30–50 km Breite in zwei Hälften teilt. Runde Bergkuppen und tief eingeschnittene Täler sind charakteristisch für das Gebirge, dichte Eichen- und Buchenwälder überziehen seine Flanken. An seinem Nordrand liegt **Gabrovo**, das im 19. Jh. für seine Handwerker berühmt war. Heute zeigen sie ihre Kunstfertigkeit beispielhaft im hübschen Museumsdorf **Leten Musej Etăra**. Im Nordwesten des Balkans schmiegt sich die Stadt **Vraca** an einen von steilen Schluchten zerfurchten Bergstock. Sensationelle archäologische Funde in der Umgebung führen zurück in die thrakische Epoche, darunter ein Silberschatz aus dem 4./5. Jh. v.Chr., der heute im Archäologischen Museum Vracas ausgestellt ist. Außerdem lädt die zerklüftete Gebirgslandschaft der **Vracanska Planina** ringsum zu Wanderungen und Klettertouren ein.

27 Ruse

Lebhafte Handelsmetropole an der Donau mit historischem Zentrum und Geburtsstadt des Schriftstellers Elias Canetti.

›Klein-Wien‹ wurde die Donauhafenstadt Ruse zu Beginn des 20. Jh. wegen der damals hier vorherrschenden Architektur im Stil des **Klassizismus** und der

Wiener Sezession genannt. Die schönen Repräsentationsbauten wie Theater und Battenberg-Palais sowie viele der herrschaftlichen Villen wurden in der sozialistischen Ära 1945–89 leider sehr vernachlässigt. Aber trotz ihrer baulichen Schäden besitzen sie nach wie vor Eleganz und verleihen Ruses Innenstadt einen zwar etwas morbiden, aber durchaus großbürgerlichen Charme.

Geschichte Im 1. Jh. wurde Ruse als römisches Kastell mit Namen Sexaginta Prista gegründet. Das heißt übersetzt ›Sechzig Schiffe‹ und weist darauf hin, dass sich hier ein wichtiger **Hafen** befand.

Oben: *In spektakulärer Hanglage liegen die Häuser der alten Hauptstadt Veliko Tărnovo*
Unten: *Das klassizistische Theater macht dem ›Klein-Wien‹ genannten Ruse alle Ehre*

Er wurde jedoch von den Awaren während der Völkerwanderung im 6. Jh. zerstört. Erst ab dem 15. Jh. verzeichnen türkische Register an dieser Stelle eine neue Siedlung namens *Roussi*. 1866 wurde die Eisenbahnlinie Roussi–Varna eröffnet und die Donaustadt avancierte zum Verkehrsknotenpunkt, denn nun lag sie an der direkten Verbindung von Mitteleuropa nach Konstantinopel. Mit dem wirtschaftlichen Aufstieg ging beträchtlicher Wohlstand einher. Neben Reisenden und Handelswaren fanden auch mitteleuropäische Lebensart und Architektur ihren Weg in die Stadt. Nach der Vertreibung der Türken 1878 hieß der Ort dann Ruse und war bis zur Mitte des 20. Jh. die größte Stadt sowie das bedeutendste Finanzzentrum des Landes. In der sozialistischen Ära verlor sie allerdings zugunsten Sofias an Bedeutung.

Heute ist Ruse mit 190 000 Einwohnern die fünftgrößte Stadt Bulgariens. Zahlreiche, auch internationale **Textilunternehmen** haben sich hier angesiedelt, die Eisenbahnlinie nach Varna und die schiffbare Donau sind wichtige Verkehrs- und Transportwege. Die Stadt breitet sich südlich entlang des breiten, von Hochufern begrenzten Donaubetts aus, gegenüber liegt bereits Rumänien. Eine knapp 3 km lange Eisenbrücke führt hinüber, 1954 als ›Brücke der Freundschaft‹ eingeweiht und heute **Dunav Most**, Donaubrücke, genannt.

Besichtigung Am besten beginnt man die Erkundung der Stadt am Platz **Ploštad Aleksander Batenberg** ❶, an dem das **Istoričeski Musej** ❷ (tgl. 9–18 Uhr) einen Besuch lohnt. Dieses Historische Museum ist im an sich schon sehenswerten Battenberg-Palais untergebracht, das Friedrich Grünanger 1882 im Stil der Neorenaissance erbaute. Darüber hinaus sind die archäologische Sammlung, etwa ein thrakischer Silberschatz aus dem 4. Jh., sowie die Porzellan- und Münzsammlungen von großem Wert.

Anschließend lädt Ruses Hauptgeschäftsstraße, die Fußgängerzone **Aleksandrovska** ❸, zu einem Bummel ein. Zu

*Klassizistisch elegant und modern quirlig –
Fußgängerzone Aleksandrovska in Ruse*

An ihrem Ende erhebt sich die barocke
Fassade der 1632 errichteten Kathedrale
Chram Sv. Troica ❻ (Pl. Sv. Troica). Das
Gotteshaus wurde 1764 umgebaut und
liegt im Vergleich zur Umgebung etwas
tiefer. Warum diese wie auch die meisten
anderen, älteren Kirchen Bulgariens unter Straßenniveau errichtet wurden, ist
strittig: Der Volksmund macht das ›türkische Joch‹ dafür verantwortlich, denn
unter osmanischer Herrschaft durften
christliche Bauten die islamischen nicht
überragen. Es ist aber auch vorstellbar,
dass sich das Straßenniveau durch Abriss
und Neubau der umliegenden Häuser
im Laufe der Jahrhunderte anhob. Jeden-
falls führen 22 Stufen zu der dreischiffigen Kathedrale hinab, in deren Innerem
dunkles, reich geschnitztes Holzwerk
dominiert und vor allem an der prächtigen Ikonostase ausgezeichnet zur Gel-
tung kommt. Säulen mit korinthischen
Kapitellen stützen die mit Holzkassetten
verkleidete Decke, Ikonen aus dem
18. und 19. Jh. schmücken die Wände.

Wieder zurück geht es zum Ploštad
Svoboda. Von hier führt die Fortsetzung
der Aleksandrovska nach Nordosten und
kreuzt nach weiteren 300 m die viel be-
fahrene Ringstraße Car Osvoboditel. An
ihr liegt 200 m weiter südlich, am Vašra-
denski-Platz, das 1978 erbaute **Panteon
Na Vŭzroždencite** ❼ (Tel. 082/82 09 98,
So–Do 9–12 und 13–17.30 Uhr), das Pan-
theon der Helden der Nationalen Wiedergeburt. Sozialistische Heldenarchitek-

*Monumentale Heldenverehrung – Panteon
Na Vŭzroždencite in Ruse*

beiden Seiten wurden einige Gebäude
aus der Zeit um 1900 restauriert, sodass
ihre klassizistischen und Jugendstil-Fas-
saden nun in zarten Pastelltönen erstrahlen. Vorbei an Boutiquen, Kaufhäusern,
Cafés und Verkaufsständen führt die
Aleksandrovska zum Zentrum von Ruses
Altstadt, dem großen, mit Blumen be-
pflanzten **Ploštad Svoboda** ❹. Zahlreiche Straßencafés säumen diesen ›Platz
der Freiheit‹, auf dem bis spät in die
Nacht etwas los ist. Als Treffpunkt bietet
sich das in seiner Mitte gelegene, 1906
der Öffentlichkeit übergebene *Freiheitsdenkmal* des Florentiner Bildhauers Ar-
noldo Zocci an, eine von zwei Bronze-
löwen bewachte viereckige Säule, die
von einer 3,75 m hohen bronzenen Frau-
enfigur als Allegorie der Freiheit bekrönt
ist. An der Westseite des Platzes fällt die
klassizistische Fassade des Theaters **Sava
Ognyanov** ❺ ins Auge, in dem sich 1870
erstmals der Vorhang hob. Seit 1942 fun-
giert die Bühne als Staatstheater.

Vom Platz der Freiheit führt eine schattige Grünanlage etwa 150 m ostwärts.

tur stand Pate bei diesem Bau aus hellen Steinquadern auf quadratischem Grundriss, der von einer goldenen Kuppel gekrönt wird. Im Kontrast zur äußeren Monumentalität steht das effektvoll ausgeleuchtete Innere des Mausoleums. Hier ruhen unter Marmorplatten die Gebeine von 453 Soldaten, die im Befreiungskrieg von 1868 ums Leben kamen. Vier weibliche Statuen unter der zentralen Kuppel symbolisieren das ›türkische Joch‹, die Ära der Wiedergeburt [s. S. 60], das Leid der Mütter im Freiheitskampf und schließlich die Befreiung des Landes 1877/78.

In die entgegengesetzte Richtung, nach Nordwesten hin, führt der Bulevard Car Ferdinand zur Donau bzw. an ihr entlang. In einem äußerlich schlichten quadratischen Gebäude am Flussufer ist das **Musej Na Gradskija Bit** ❽ (Ul. Car Ferdinand 39, Tel. 082/82 09 97, Di–Sa 9–12 und 13–17.30 Uhr), das Museum der Städtischen Lebensweise, untergebracht. Beide Stockwerke und das Treppenhaus sind in die volkskundliche Ausstellung einbezogen, die mit hübsch arrangierten Möbeln, Glas und Porzellan über die

Wohnkultur des Großbürgertums in Ruse Ende des 19. Jh. informiert.

Ein Abstecher führt etwa 300 m weit entlang der Donau nach Norden zum Gelände des 1866 errichteten und noch bis 1956 in Betrieb befindlichen alten Bahnhofs. Heute dokumentiert dort das Transportmuseum **Musej Na Transporta** ❾ (Tel. 082/83 47 07, Di–Sa 9–13 und 14–18 Uhr) die Entwicklung des bulgarischen Eisenbahnwesens, das für den Aufschwung Ruses von besonderer Bedeutung war. Historische Lokomotiven und Waggons aus dem 19. Jh., darunter eine der ersten Dampflokomotiven von 1866, ergänzen die im Museum ausgestellten Fotografien und Dokumente.

Man kann aber auch vom Museum des Städtischen Lebens den **Pridunavski Bulevard** ❿ entlang der Donau nach Südwesten bummeln. Dabei kommt man an der Anlegestelle der Donauschiffe vorbei, die auf ihren Kreuzfahrten von Passau ans Schwarze Meer in Ruse Station machen. Außerdem kann man den regen Frachtkahnverkehr auf dem großen Fluss beobachten. Nach etwa 1 km erreicht man die

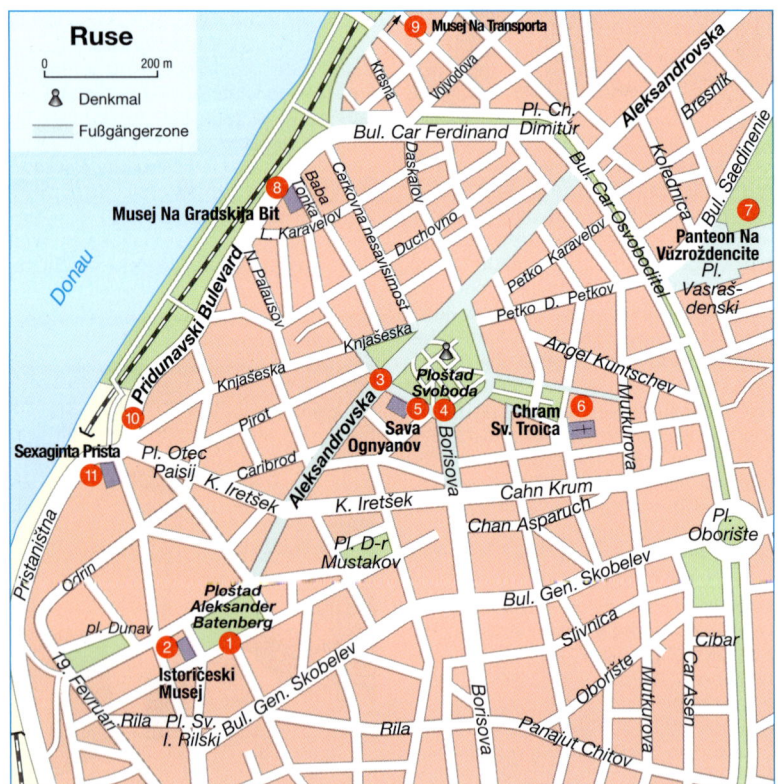

Masse und Macht in der Moderne

Am 25. Juli 1905 wurde in Ruse **Elias Canetti** als Sohn einer deutschsprachigen Kaufmannsfamilie geboren. Er sollte einer der scharfsinnigsten und erfolgreichsten sozialpsychologischen Autoren des 20. Jh. werden. In der heutigen Ul. General Gurko 13, etwa 500 m südlich des Ploštad Svoboda, steht sein Geburtshaus, im Hof erinnert eine schlichte Plakette an den berühmtesten Sohn der Stadt. 1911 siedelte die Familie ins britische Manchester um, 1912 nach Wien, 1916 in die Schweiz und 1921 nach Deutschland. Ab 1924 studierte Canetti in Wien Naturwissenschaften und schloss 1929 als Doktor der Chemie ab. Bereits zu dieser Zeit beschäftigte er sich mit dem Phänomen des Menschen in der Masse. Als **Schriftsteller** trat er ab 1930 in Erscheinung, z. B. mit dem auf acht Bände angelegten Zyklus ›Comédie Humaine an Irren‹, dem Roman ›Die Blendung‹ und dem Drama ›Hochzeit‹. Nach dem ›Anschluss‹ Österreichs emigrierte Canetti 1938 über Paris nach London. Vollends berühmt wurde der Autor schließlich mit seinem 1960 veröffentlichten kulturpolitischen Hauptwerk ›Masse und Macht‹. Sein literarisches Werk wurde u. a. 1949 mit dem französischen **Prix International**, dem Großen **Österreichischen Staatspreis** 1967 und 1972 mit

Weit über die Grenzen seines Heimatlandes hinaus bekannt – Elias Canetti 1983 in Zürich

dem deutschen **Georg-Büchner-Preis** ausgezeichnet. 1977 setzte Canetti in seinen Kindheitserinnerungen ›Die gerettete Zunge‹ Ruse ein Denkmal. In dem Roman beschreibt er die Stadt als kosmopolitisches und kulturelles Zentrum, in dem Menschen unterschiedlichster Herkunft und Religion friedlich miteinander lebten. 1981 erhielt Elias Canetti den **Literatur-Nobelpreis** für sein Lebenswerk. Es erschienen noch die autobiographischen Aufzeichnungen ›Das Augenspiel‹ (1985) und ›Das Geheimnis der Uhr‹ (1987) sowie 1992 ›Die Fliegenpein‹. Am 14. August 1994 starb Elias Canetti in Zürich.

Kreuzung Ul. Car Kalojan, an der ein Tor zur kleinen Ausgrabungsstätte **Sexaginta Prista** ⑪ (Tel. 082/82 50 04, Di–Sa 8.30–12 und 13–17.30 Uhr) führt. Hier sind die Überreste eines römischen Kastells zu sehen, das vermutlich in der Regierungszeit des Kaisers Vespasian (69–79) gegründet wurde und damals den wichtigen römischen Flusshafen sicherte. Erhalten sind ein 50 m langes Stück der Nordmauer, die Fundamente von vier Gebäuden sowie ein reliefgeschmückter Sarkophag.

Zum Abschluss des Rundgangs empfiehlt sich ein **Bummel** durch die von alten Buchen und Erlen gesäumten Straßen zwischen Donau und Aleksandrovska. Hinter schmiedeeisernen Gittern stehen verspielte Jugendstilvillen und klassizistische, mit Efeu überwucherte

Schlösschen. In der sozialistischen Ära waren diese großbürgerlichen Anwesen in Apartments unterteilt und an bedürftige Familien vermietet worden, die es sich aber leider nicht leisten konnten, die prächtigen Häuser instand zu halten.

ℹ **Praktische Hinweise**

Information

Touristisches Informationsbüro Ruse, Ul. Aleksandrovska 61, Ruse, Tel. 082/82 47 04, www.tic.rousse.bg

Nachtleben

Nord, Ul. Obretenovi, Ruse, Tel. 082/ 84 52 51. Vor allem bei Teenies beliebte Open-Air-Disco beim Schwimmbad im Stadtpark, mit Themenparties und gemischter Musik von Hard Rock bis zu bulgarischem Orient-Pop (nur im Sommer geöffnet).

Sibilla, Ul. Novi Sad 5, Ruse, Tel. 082/44 44 62. Bei der Jugend populärer Tanztempel mit Themenabenden und 1970er-Jahre-Parties. Ansonsten werden oft Salsa und Hiphop gespielt.

Hotels

***Anna Palace, Ul. Kniajeska 4, Ruse, Tel. 082/82 50 05, www.annapalace.com. Restauriertes Haus im Wiener Sezessionsstil von 1888, unweit des Zentrums und gegenüber dem Passagierhafen der Donauschifffahrt gelegen. Komfortabel ausgestattete Zimmer (TV, Telefon, Minibar). Restaurant mit bulgarischen und internationalen Spezialitäten.

***Bistra & Gadina, Ul. Asiaruch 8, Ruse, Tel. 082/82 33 44, www.bghotel.bg. Modernes Mittelklassehotel mit futuristischer Glasfassade. Innen schafft gediegene, geschmackvolle Einrichtung eine angenehme Atmosphäre. Speisen kann man im hübschen Innenhof oder im eleganten Restaurant.

Restaurants

Ausflugsdampfer Balkanprinzessin, im Sommer an der Donaupromenade, Reservierung nur vor Ort. Um ca. 21 Uhr geht es auf eine kleine Flusskreuzfahrt. Die Küche serviert delikate Fisch- und Fleischgerichte sowie bulgarischen Wein, dazu läuft internationale Popmusik vom Band. Rückkehr gegen 23 Uhr.

Olympiez, Ul. Christo G. Danov 4, Ruse, Tel. 082/82 45 37. Im Garten sitzt man unter Sonnenschirmen, serviert wird exzellente einheimische Küche wie z. B. die scharf gewürzten Hackfleischwürstchen Kebabčeta.

28 Priroden Reservat Rusenski Lom

Mittelalterliche Höhlenklöster und Festungen in einem einzigartigen Naturparadies.

Der 3300 ha große Naturpark beginnt 20 km südlich von Ruse beim Weiler Ivanovo und umfasst einen kurzen Abschnitt des namengebenden Flusses Rusenski Lom sowie die Täler seiner Zuflüsse Malki Lom, Cerni Lom und Beli Lom. Die **Wasserläufe** haben bis zu 100 m tiefe Schluchten in den Kalkstein gegraben,

Ins Unendliche schweift der Blick – Naturidyll im Park Rusenski Lom bei Ivanovo

Wind und Regen formten das ausgeschwemmte Gestein zu bizarren Felsgestalten. In den Flüssen leben Otter und mehr als 20 Fischarten, Heckenrosen und Königskerzen blühen auf den Wiesen am schmalen Ufer. Auf den Hochflächen darüber geben dichte **Wälder** aus Eichen, Ahorn, Ulmen, Eschen und Linden Waldkäuzen, Rehen, Wölfen und Schwarzwild Schutz. Unendlich reich ist die **Vogelwelt**, die in den Nischen und Höhlen der Felsen ideale Nistplätze findet, darunter Felsenadler, Bussarde und Spechte, Schwarzstörche, Geier und Reiher.

Entlang der Flusstäler von Beli und Cerni Lom sieht man immer wieder Überreste römischer und byzantinischer *Festungsbauten*, die im 1.–8. Jh. hier entstanden. Kulturgeschichtlich noch bedeutender sind die **Höhlenklöster** in den Talwänden, welche Einsiedlermönche während des 12.–14. Jh. in dieser einsamen Gegend in den Kalkstein schlugen. Ursprünglich existierten etwa 250 Sakralhöhlen, sämtlich mit Fresken ausgemalt. Zeit und Erosion überdauerte am Unterlauf des Rusenski Lom, 5 km östlich von

TOP TIPP Ivanovo, der Klosterkomplex **Kompleks Manastir Ivanovo**. Er ist auf einer Stichstraße mit dem Auto oder zu Fuß gut zu erreichen. 1979 ernannte die UNESCO die beeindruckende Anlage zum **Weltkulturerbe**. Sie umfasst fünf Felsenkirchen und Höhlen, in welchen recht gut erhaltene Wandmalereien zu sehen sind. Zeugnis von deren hoher Qualität und Ausdruckskraft legen die Fresken in der der Jungfrau Maria geweihten Kirche **Cerkva Sv. Bogorodica** (Di–Sa 9–13 und 14–18 Uhr) ab. Sie befindet sich am Ende der Zufahrtsstraße in 46 m Höhe über dem südlichen Ufer des Rusenski Lom, ein bequemer Weg führt vom Talboden hinauf. Die farbenfrohen Malereien in dem kleinen, rund 16 m langen, 4 m breiten und 2,5 m hohen Bau entstanden Mitte des 14. Jh. und bedecken die Wände fast vollständig. Sie sind hervorragend erhalten, sodass die vor einigen Jahren gesäuberten, lebhaften Szenen aus dem Leben Jesu und der Heiligen wie neu wirken. Dargestellt sind z. B. die Fußwaschung, der Judaskuss, Christi Befragung durch Kaiphas, das Aufsetzen der Dornenkrone sowie eine mystisch verklärte Himmelfahrt Christi. Den Narthex schmücken Porträts von Zar Ivan Aleksander (1331–1371) und seiner Gattin Theodora, die die Gemeinschaft mit Spenden unterstützten. Dem Kloster war jedoch nur eine kurze Blüte beschert, 1388 fielen türkische Truppen im Tal ein und die Mönche mussten ihre Heimstatt verlassen.

Eine gute Straße führt in das Dorf **Červen** im Tal des Cerni Lom 12 km südlich von Ivanovo. Kurz vor dem Ort steigen 235 Stufen die felsige Talwand hinauf zu den Ruinen der ehem. Festungsstadt **Krepost Červen**. Sie liegen auf einem 60 m hohen Felsen, den eine Schleife des Cerni Lom im Norden, Westen und Süden umfließt. Gegründet wurde die Ansiedlung im 7./8. Jh. von Flüchtlingen aus Ruse [Nr. 27], die sich vor Angriffen der Awaren hierher in Sicherheit gebracht hatten. Ihre Blütezeit erlebte Krepost Červen während des Zweiten Bulgarischen Reiches (1185–1393), als ein Handelsweg von Veliko Tărnovo [Nr. 29] durch das Tal an die Donau führte. Damals besaß die Stadt 13 Kirchen und war Sitz eines Metropoliten, also eines Bischofs. Heute sind lediglich Fundamente von Häusern, Kirchen und einer Zitadelle sowie Teile der Stadtmauer erhalten. Der Aufstieg lohnt dennoch, denn von oben eröffnet sich ein herrlicher Rundblick auf das Tal des Cerni Lom.

Weiter südöstlich im Tal kann man zwischen den Dörfern Tabačka und **TOP TIPP** Pepelina die Höhle **Orlova Čuka** (tgl. 9–16 Uhr) unter sachkundiger Führung (mindestens fünf Teilnehmer) besichtigen. In ihr fanden Archäologen Knochen von Höhlenbären und Steinwerkzeuge, die darauf schließen lassen, dass hier bereits in der Altsteinzeit vor etwa 10 000 Jahren Menschen lebten. Die weit verzweigte Höhle verläuft in 240–310 m Höhe über dem Talboden durch den Fels, eine ausgeschilderte Straße führt von der Hochebene hinunter. Von den insgesamt 35 km erforschten Höhlenwegen sind 13 km zu begehen (6 Std.), doch erhält man schon auf einem 30-minütigen Rundgang einen guten Eindruck von dem Kammer- und Ganglabyrinth. Im Inneren herrschen konstant 14 °C, es empfiehlt sich also, einen Pullover anzuziehen. Vielleicht scheucht man beim Besuch auch Fledermäuse auf, von denen vier Arten in der Höhle leben.

Der Andacht dienten die Fresken in den Felszellen des Kompleks Manastir Ivanovo

ℹ️ Praktische Hinweise

Information

**Touristisches Informationsbüro
Ruse**, Ul. Aleksandrovska 61, Ruse,
Tel. 082/82 47 04, www.lomea.org.
Hier erhalten Reisende die gute topo-
graphische Karte *Naturpark Rusenski
Lom* (1:45 000) zu Straßen und Wander-
wegen im Nationalpark.

29 Veliko Tărnovo

*Wiedergeburtsarchitektur an steilen
Gassen in der viel bewunderten Stadt
der Künstler und des Kunsthand-
werks.*

Die einstige Hauptstadt Bulgariens und
noch immer einer der schönsten Orte
des Landes liegt auf fünf felsigen Hügeln
im tief eingeschnittenen Tal der Jantra,
die windungsreich um mehrere Land-
zungen mäandert. Trotz der heute 67 000
Einwohner hat sich Veliko Tărnovo einen
fast dörflichen Charakter bewahrt. Das
Zentrum besteht aus wenigen Gassen an
terrassierten Hügelhängen, die von dicht
nebeneinander stehenden Gebäuden im

*Majestätisch ragen Kirchenbauten über die
Dächer von Veliko Tărnovo*

Stil der Wiedergeburt gesäumt sind. So
entsteht aus der Ferne der Eindruck, als
türme sich eine geschlossene Wand
schmaler Häuschen in traditioneller Architektur vor dem Betrachter auf, ein
völlig intaktes und kaum durch Neubau-
ten verändertes Ensemble wie es in
dieser Harmonie selten ist.

Geschichte Spuren menschlicher Besiedlung der Region gehen auf das 4. Jt.
v. Chr. zurück, doch eigentlich gründeten
Thraker die Stadt, als sie eine ihrer Siedlungen auf dem heutigen Carevec-Hügel
im 5. Jh. v. Chr. befestigten. Bis zum 7. Jh.
baute Byzanz die Festung aus, in der sich
bald darauf auch kriegerische Awaren
und Slawen niederließen. Um das 12. Jh.
war das Gemeinwesen zu einer befestigten Stadt herangewachsen.

1185 wagten die beiden hier heimischen Bojaren Peter und Asen den Aufstand gegen Byzanz. Nach ihrem Sieg
wurde Veliko Tărnovo **Hauptstadt** des
Zweiten Bulgarischen Reiches (1185–1396),
die ›wunderbarste Stadt am Haemus
(Balkan)‹, wie der byzantinische Historiker Nikita Honiat zu dieser Zeit schrieb.
Der Hügel *Carevec* wurde zum Sitz des
Zaren und des Patriarchen ausgebaut, die
adligen Bojaren und Priester errichteten
ihre Paläste und Kirchen auf dem *Tra-
pezica*. Beide Hügel waren von Festungsmauern geschützt. Zwischen ihnen und
gegenüber am anderen Ufer der Jantra
erstreckte sich die äußere, ebenfalls be-
festigte Stadt, das eigentliche Tărnovo, in
dem das einfache Volk sowie Handwerker und Ausländer lebten. Schnell
stieg Veliko Tărnovo zum wirtschaftlichen, geistigen und kulturellen Zentrum
des Reiches auf. Hier gründete z. B. Patriarch Evtimii 1404 die ›Schule von Tărnovo‹, aus der bedeutende Freskenmaler
hervorgingen. Außerdem bestanden
Handelsbeziehungen zu Europa und
Vorderasien.

Im Jahr 1393 eroberten die **Türken**
Veliko Tărnovo nach dreimonatiger Belagerung und beendeten so die erste
Blütezeit der Stadt, die jedoch weiterhin
ein wichtiges Handelszentrum blieb –
und ein Ort bulgarischen Aufbegehrens
(Aufstände 1598, 1686, 1700, 1835 und
1856). Die zweite Blüte begann mit der
Befreiung von der osmanischen Herrschaft durch russische Truppen 1877. 1878
verabschiedete die gesetzgebende Versammlung in Tărnovo die **Verfassung**
des befreiten Bulgarien. Zwar wurde da-

mals Sofia Hauptstadt, doch Veliko Tărnovo blieb wegen seiner historischen Bedeutung für die Bulgaren ein symbolträchtiger Ort. Dieser Tatsache sind die sorgfältig restaurerte Altstadt und die umfangreichen Rekonstruktionen historischer Gebäude auf dem Carevec zu danken. Veliko Tărnovo ist heute eine blühende **Universitätsstadt**, ihre modernen Neubauviertel erstrecken sich westlich der Jantra und der Altstadt.

Besichtigung Ausgangspunkt eines Bummels durch Veliko Tărnovo ist die Brücke **Stambolijski Most** ❶ südlich der Altstadt *Varoš*. Hier eröffnet sich ein Postkartenblick auf die sich malerisch im Fluss widerspiegelnden Häuserterrassen. Nahe dem östlichen Ende der Brücke zeigt die Staatliche Kunstgalerie **Dŭržavna Chudožestvena Galerija** ❷ (Di–So 10–18 Uhr) eine interessante Sammlung von Gemälden zeitgenössischer bulgarischer Künstler. Nordwestlich davon bildet eine Flussschleife der Jarna eine kleine Halbinsel. An ihrer Spitze verherrlicht das 1985 von Krum Damianov geschaffene bronzene Asen-Denkmal **Pametnik Na Asenevci** ❸ die vier Könige Asen I., Peter, Kalojan und Ivan Asen II., unter deren Herrschaft 1185–1241 Veliko Tărnovo erstmals erblühte. Das Monument zeigt über einem hohen Betonso-

Ein kleines steinernes Äffchen gab dem Kŭštata Majmunkata seinen Namen

ckel einen harnischbewehrten Reiter auf seinem stolzen Pferd.

Gegenüber, auf der nördlichen Flussseite, lohnt am Slavejkov-Platz ein Blick auf das **Kŭštata Majmunkata** ❹, das Haus mit dem Affen. Seine dekorative erkergeschmückte Ziegelfassade aus dem Jahr 1849 ist eines der Meisterwerke

Heldentaten im Archäologischen Museum von Veliko Tărnovo

von Kolju Fitcev gen. Fitšeto (1800–1881), einem der bedeutendsten Architekten Bulgariens im 19. Jh. Unter dem Erker ist die hockende Gestalt eines Affen zu erkennen, dem das Haus seinen Namen verdankt. Es beherbergt heute eine Galerie und ein Antiquitätengeschäft.

Folgt man der Ul. Stambolov wenige Schritte nach Osten, erreicht man den alten Marktplatz **Samovodene** 5. Ringsum reihen sich schön erhaltene bzw. restaurierte Häuser der Wiedergeburtszeit, um deren hölzerne Balkone sich Weinreben ranken. In den meisten sind Galerien, Souvenirläden und kleine museale Handwerksbetriebe untergebracht. Cafés und Restaurants säumen die dahinter steil bergan steigenden Gassen, in denen man nicht nur den Blick über Stadt und Tal genießt, sondern auch Erfrischungen und bulgarische Spezialitäten.

Parallel zur Ul. Stambolov verläuft am Fluss entlang die **Uliza Gurkov** 6 mit einigen der schönsten Häuser der Altstadt, die hier teils wie Adlernester an der Felswand kleben. Charakteristisch ist z. B. das Haus Nr. 88 **Sarafinova Kŭšta** 7 (Mo–Fr 8–12 und 13–17 Uhr) am Ende der Straße.

Das einstige Wohnhaus eines Geldverleihers dokumentiert das Leben des städtischen Bürgertums im 19. Jh. anhand von Trachten, Mobiliar, Werkzeug und historischen Aufnahmen. Erstaunt bemerkt der Besucher im Inneren, dass das von der Straße her zweistöckige Gebäude tatsächlich aus insgesamt fünf Etagen besteht, denn drei weitere Geschosse sind nach unten zum Fluss hin an den Hang gebaut.

Einige Meter weiter präsentiert das Archäologische Museum, **Archeologiceski Musej** 8 (Ul. Ivan Vasov, Di–So 8–12 und 13–17 Uhr), Funde aus thrakischer und römischer Zeit, etwa den *Goldschatz von Hocnica*, sowie Exponate aus den drei Bulgarischen Reichen, darunter Goldschmuck, Silbermünzen, Keramik und eine Charta von Zar Ivan Šišman aus dem Jahr 1382.

Das elegante Gebäude nebenan beherbergt das Museum der Wiedergeburt und der konstituierenden Versammlung, das **Musej Vŭzraždane** 9 (Ul. Ivan Vasov, Mi–Mo 9–12 und 13–17 Uhr). Koljo Fitcev erbaute es 1872 als Konak, als osmanisches Amtsgebäude. Im original belas-

Elegant beherrscht die Patriarchenkirche Christi Himmelfahrt den Festungshügel Carevec

senen Hauptsaal fanden ab 1879 die konstituierenden Versammlungen für das Dritte Bulgarische Reich statt, hier wurde auch die erste Verfassung des von der Türkenherrschaft befreiten Bulgarien ausgearbeitet.

Im Nordosten erhebt sich der auf drei Seiten von der Jantra gerahmte Hügel *Carevec,* bekrönt von den Überresten der Festung **Krepost Carevec** ❿ (sommers tgl. 8–19, winters tgl. 9–17 Uhr). Sie war im 12.–14. Jh. Sitz der bulgarischen Zaren und der Patriarchen von Tărnovo. Drei mächtige, hintereinander liegende Tore bewachten den Zugang auf einem schmalen Felsrücken. Er war zusätzlich durch eine Zugbrücke gesichert. Den zentralen Platz im Inneren der Festung beherrschen die Fundamente des *Zarenpalastes,* der auf drei Terrassen angelegt und selbst wiederum durch eine Ringmauer geschützt war. Unweit südlich davon wurde in den 1970er-Jahren an der höchsten Stelle des Hügels auf den Fundamenten eines alten Gotteshauses die Patriarchenkirche Christi Himmelfahrt, **Sv. Uspenie Bogorodično** ⓫, neu erbaut. Ihr Inneres schmückte Teofan Sokerov

(*1943) mit farbenprächtigen Wandmalereien zu wichtigen Szenen aus der bulgarischen Geschichte. Am nördlichsten Zipfel der Burganlage befindet sich der steil abfallende Hinrichtungsfelsen *Lobna Skala,* von dem aus während des Zweiten Bulgarischen Reiches Verurteilte in den Tod gestürzt wurden.

Nach Westen zu erstreckt sich zwischen Carevec- und Trapezica-Hügel der Stadtteil *Asenova,* früher Wohngebiet der Handwerker. In diesem Asenviertel erhebt sich am Ufer der Jarna die **Cerkva Na Četrideset Măhenici** ⓬ (tgl. 9–12 und 13–18 Uhr), die Kirche der heiligen 40 Märtyrer. Sie wurde 1230 auf Anweisung Zar Ivan Asens II. errichtet und unter türkischer Herrschaft als Moschee genutzt. Im Inneren sind eindrucksvolle *Fresken* der Schule von Tărnovo mit Darstellungen von Heiligen und deren Martyrien erhalten. Historisch bedeutend sind auch die *Asen-Säule,* die 1230 im Gedenken an den Sieg über Byzanz gemeißelt wurde, sowie zwei weitere Säulen aus Pliska und Preslav, den beiden Hauptstädten des Ersten Bulgarischen Reiches. Ihre Inschriften erinnern an die Taten von Khan Krum

(802–814) und Khan Ormutag (814–831). Weiter nördlich steht direkt in der Flussschleife die restaurierte Kirche **Sv. Sv. Petar i Pavel** ⓭ (tgl. 9–12 und 13–18 Uhr) aus dem 13. Jh., mit verzierter Backsteinfassade und schönen Fresken des 14.–17. Jh. im Inneren. Das älteste Gotteshaus ist die 1185 errichtete einschiffige Kirche **Sv. Dimitar Solunski** ⓮ (tgl. 9–12 und 13–18 Uhr), die sich weithin sichtbar am westlichen Jantra-Ufer erhebt. Hier riefen 1186 die Bojaren Peter und Asen das Zweite Bulgarische Reich aus, später wurden mehrere Zaren in der Kirche gekrönt.

Ausflüge

Nordöstlich von Veliko Tărnovo (5 km) sind die festungsartigen Häuser des Dorfes **Arbanasi** großzügig in der Hügellandschaft mit Hochplateau verteilt. Ihre zumeist griechischstämmigen Bewohner kamen spätestens im 16. Jh. durch Viehzucht und internationalen Handel von Italien bis Indien zu Wohlstand. Vielleicht lag im wirtschaftlichen Erfolg auch die eigentümliche Architektur der Häuser begründet, die jeweils einer kleinen Festung gleichen, sind doch die starken Mauern von nur wenigen, vergitterten Fenstern durchbrochen und mit massigen hölzernen Toren gesichert. Geholfen hat es nur wenig, nach mehrmaligen Plünderungen durch türkische Banditen verließen im 19. Jh. viele Einwohner den Ort. Heute zeigt sich Arbanasi als einzigartiges denkmalgeschütztes Architekturensemble mit fünf Kirchen und zwei Klöstern sowie knapp

100 Bauten aus dem 16. und 17. Jh. Einige stehen Besuchern als Museumshäuser offen, wie z. B. das **Konstantsaliev Kŭšta Musej** (tgl. 8–18 Uhr) aus dem 17. Jh. Von außen hat es wie viele andere Häuser hier beinah Burgcharakter, innen bekommt man einen Eindruck vom luxuriösen Leben der Oberschicht zur Zeit der bulgarischen Wiedergeburt. Es ist mit kunstvollen Holzschnitzereien geschmückt und liebevoll mit originalen Möbeln des 19. Jh. eingerichtet. Die Christi-Geburt-Kirche **Roždestvo Christovo** (tgl. 8–18 Uhr) wirkt von außen äußerst unscheinbar, entfacht aber innen ein wahres Bilderfeuerwerk. Jeder Winkel des mehrfach abgeteilten Kirchenraumes ist mit *Fresken* bedeckt, mehr als 3500 menschliche Einzelfiguren wurden gezählt. Dabei erstrahlen die restaurierten Wandbilder so, als ob sie gestern erst entstanden wären. Tatsächlich stammen sie aus dem 16./17. Jh. Unter den erstaunlich lebensnah komponierten Szenen fällt das Bild von Christi Geburt besonders auf, ebenso ein Lebensrad und die Wurzel Jesse mit griechischen Dichtern und Philosophen, darunter Homer.

Preobašenski Manastir

Das Kloster zu Ehren der Verklärung Christi liegt etwa 7 km nördlich von Veliko Tărnovo oberhalb der Straße in Richtung Ruse. Die schon etwas baufällige Anlage wurde 1822 auf einem Felssporn etwa 500 m nördlich des ursprünglichen Klosters aus dem 14. Jh. errichtet. Allein schon diese grandiose Lage über einer bewaldeten Schlucht lohnt den Ausflug.

Großartge Fresken – Christi-Geburt-Kirche Roždestvo Christovo von Arbanasi

Auch an den Außenwänden farbenfroh – Preobašenski Manastir im Tal des Flusses Jantra

Kunstgeschichtlich bedeutsam ist zudem die **Klosterkirche**. An ihrer Außenwand befindet sich das verblasste Fresko eines ›Lebensrades‹, bei dem die vier Jahreszeiten für die vier Lebensabschnitte des Menschen von Geburt über Jugend und Alter bis zum Tod stehen. Innen zeigen dunkelfarbige *Wandfresken* Szenen wie das Jüngste Gericht. Filigranes Schnitzwerk mit floralen Motiven und Vögeln überzieht die gesamte *Altarwand*.

ℹ Praktische Hinweise

Information

Tourist Information Center, Ul. Christo Botev 5, Veliko Tărnovo, Tel. 062/62 21 48, www.velikoturnovo.info. Beim Eingang zur Carevec-Festung (Tel. 062/63 88 41) und in Arbanasi (am Ortseingang, Tel. 062/34871) bieten auch deutschsprachige Führer ihre Dienste an.

Hotels

*****Arbanassi Palace, Arbanasi, Tel. 062/63 01 76, www.arbanassipalace.bg. Einst eine Residenz des früheren Präsidenten Todor Živkov prunkt der gleißend weiße Bau heute als Luxushotel mit 40 Betten und zahlreichen Terrassen mit fantastischen Ausblicken. Römisches Bad, Freibad, Fitnesseinrichtungen und ein vorzügliches Restaurant bieten höchsten Komfort.

***Bojarska Kiršta, Arbanasi, Tel. 062/62 04 84, http://arbanassivt.hit.bg. Restauriertes Bojarenhaus im Ortszentrum mit 15 Zimmern und drei Suiten. In dem schönen Garten lässt es sich auch hervorragend speisen. Gleich nebenan lockt das öffentliche Schwimmbad.

***Interhotel Veliko Tărnovo, Ul. Penchev 2, Veliko Tărnovo, Tel. 062/60 10 00, www.interhotelvt.bg. Modernes Komforthotel mit 200 Zimmern am Fluss mit Blick auf die Altstadt. Im Haus gibt es Friseur, römisches Bad und Hallenbad, eine

Eine weite Aussicht genießt man von der Terrasse des Luxushotels Arbanassi Palace

Bar sowie zwei Restaurants mit nationalen und internationalen Spezialitäten.

TOP TIPP ***Gurko**, Ul. Gurko 33, Veliko Tărnovo, Tel. 062/627838, www.hotel-gurko.com. Das Hotel in der unteren Altstadt bietet hübsche Zimmer mit allen Annehmlichkeiten (Klimaanlage, Minibar), außerdem ein gutes Restaurant mit freundlichem Personal und einem bemerkenswerten Weinkeller.

Restaurants

Mechana Chŭsove, Ul. Nezavimost 3, Veliko Tărnovo, Tel. 062/620211. Unter Gewölben und holzgetäfelten Decken werden in gemütlichem Ambiente Paprikaš und andere authentische bulgarische Gerichte zubereitet und zu Volksmusik-Klängen serviert.

Vinarvata, Ul. Stefan Srambolov 79, Veliko Tărnovo, Tel. 062/603252. Hervorragende bulgarische Küche beim alten Marktplatz, dazu große Weinkarte. Vom Fenster bietet sich ein unvergleichlicher Blick über die Jantra und die Altstadt.

30 Gabrovo

Handwerkerstadt und ›humoristisches Zentrum‹ im mittleren Balkan.

Am Oberlauf der Jantra liegt Gabrovo (60 000 Einw.), lang gestreckt in einem engen Tal, eingerahmt von den Hängen der *Sredna Stara Planina*, des Mittleren Balkan. Seit ihrer Gründung im 12. Jh. war die Stadt berühmt für das Geschick ihrer **Handwerker** und vor allem der Waffenschmiede. Diese Tradition setzte

Moderne Skulptur des Don Quichotte vor dem Dom Na Chumora I Satirata in Gabrovo

sich auch unter türkischer Herrschaft und bis in die Neuzeit hinein fort, sodass man im 19. Jh. hier nicht weniger als 26 Handwerkszweige zählte, darunter neben Schmieden auch Töpfer, Gerber und Seidenweber. Zu Beginn des 20. Jh. entwickelte sich Gabrovo zu einem Zentrum der **Textilindustrie** und wurde deshalb auch ›Manchester Bulgariens‹ genannt.

Textilunternehmen sind nach wie vor der wirtschaftliche Motor und dominieren die Außenbezirke Gabrovos. Das Stadtzentrum präsentiert sich dagegen lebhaft und hat sogar einige klassizistischen Bauten aufzuweisen, in denen bevorzugt die kommunale Verwaltung untergebracht ist. Geradezu ein ›Muss‹ ist ein Besuch im Haus des Humors und der Satire, dem **Dom Na Chumora I Satirata** (Ul. Brjanska 64, tgl. 9–18 Uhr) am nördlichen Stadtrand. Man erkennt das ›Internationale Zentrum des Humors‹ gleich an den Metallskulpturen vor und neben dem Gebäude, darunter Charlie Chaplin, Don Quichotte und *Hitar Petar*, der bulga-rische Till Eulenspiegel. Das Haus bietet die größte dem Humor gewidmete Sammlung weltweit, mehr als 8000 Skizzen, Karikaturen, Comics, Kostüme, Fotos, Bilder und audiovisuelle Darbietungen. Hinzu kommen temporäre Ausstellungen und die Ausrichtung der ›Biennale des Humors und der Satire‹ im Mai jedes ungeraden Jahres.

Leten Musej Etăra

Unweit des südlichen Stadtrandes von Gabrovo, etwa 8 km vom Zentrum entfernt, zweigt von der Šipka-Pass-Straße eine Stichstraße nach Osten ab, die nach 3 km im **Freilichtmuseum** Leten Musej Etăra (tgl. 9–18 Uhr) endet. Hier liegen einige historische Holzhäuser und Werkstätten im idyllischen Tal des Sivek-Flusses locker verstreut. Rund um den Hauptplatz bearbeiten Handwerker in winzigen Werkstätten nach überlieferten Techniken Leder, Eisen und Holz, eine Wassermühle treibt Hammer- und Sägewerke an, Kupferschmiede, Kürschner, Drechsler, Bäcker und Schuster zeigen ihr Geschick. Die Handwerkserzeugnisse kann man vor Ort erwerben.

i Praktische Hinweise

Information

Tourist Information Center, Pl. Vŭsraždane, Gabrovo, Tel. 066/810588

Hotels

 ***Stranopriemniza**, 8 km südlich von Gabrovo, am Eingang zum Freilichtmuseum Etăra, Tel. 066/ 81 05 80, www.etar.org. Wunderschön gelegenes Hotel. Man wohnt in angenehm rustikaler Atmosphäre, ruhig und mit Blick auf das Tal. Auf der Terrasse wird

Das Künstlerpaar Christo und Jeanne-Claude schnürte so manches ›Päckchen‹ (Berlin, 2001)

Kunstvoll verpackt

Am 13. Juni 1935 wurde **Christo Wladimiroff Javacheff** als Sohn einer Industriellenfamilie in Gabrovo geboren. 1953–56 studierte er an der Akademie der Künste in Sofia und zog 1958 nach Paris, wo er seine spätere Frau **Jeanne-Claude** (1935–2009) kennen lernte. Seitdem arbeiteten die beiden gemeinsam an **Großprojekten**, bei denen Gebäude und Monumente verhüllt oder verpackt und Landschaften durch riesige Gewebeschleier oder Objekte verfremdet wurden. Die Aktionen wurden von dem Künstlerpaar selbst finanziert und zwar durch den Verkauf von das Projekt begleitenden Skizzen, Collagen und Lithographien. Zu den spektakulären temporären Kunstwerken, die vom ersten Entwurf bis zur Realisierung häufig Jahrzehnte in Anspruch nahmen, gehörte die Verhüllung des Berliner Reichstags 1995. Und 2005 schmückten Christo und Jeanne-Claude in New York, ihrem Wohnort seit 1964, unter dem Titel ›**The Gates**‹ den Central Park für 16 Tage mit 7500 Stofftoren, ein weiteres gigantisches Projekt, das die berühmte Stadtlandschaft neu erfahrbar machte.

bulgarische und internationale Küche serviert, besonders die frischen Forellen sind ein Genuss.

***Fenerite**, kmetovci, nördlich von Grabovo, Tel./067193/267, www.fenerite.bg. Moderner Hotelkomplex mit mehreren Häusern im traditionellen Stil. Gutes Restaurant. Geboten werden Sauna, Solarium und Massage, Fahrradverleih und Kinderspielplatz.

31 Trjavna

Holzschnitzer und Ikonenmaler machten das romantische Bergstädtchen berühmt.

Das inmitten des Gebirges gelegene Trjavna wurde zwar schon im 12. Jh. gegründet, erlangte aber erst zu Beginn des 19. Jh. landesweite Berühmtheit, als hier die *Trjavna-Schule der Ikonenmalerei* und *Holzschnitzkunst* ihre Arbeit aufnahm. In der Folge entstanden in dem bis dahin stillen Bergdorf zahlreiche Wohnhäuser im Stil der Wiedergeburtszeit, dazu Schulen und Kirchen, die mit wunderbaren Fresken und kunstvollem Schnitzwerk geschmückt wurden. Bei der Anfahrt sehen Besucher von Trjavna (10 000 Einw.) zunächst die modernen Außenbezirke. Das alte, malerische **Stadtzentrum** befindet sich östlich der Durchgangsstraße und jenseits des Flüsschens *Trevnenska Reka*.

Besichtigung Malerische Häuser säumen den zentralen **Ploštad Kapitan Djado Nikola** in der Altstadt, effektvoll akzentuiert vom historischen Uhrturm **Časovnikovata Kula** von 1814. Das Haus Nr. 7 ist die fast quadratisch um einen idyllischen Innenhof angelegte frühere Dorfschule **Školoto** (Tel. 0677/25 97, sommers tgl. 9–18, winters tgl. 8–17 Uhr). In dem niedrigen Gebäude zeigt das *Städtische Museum* seine Sammlungen zu regionaler Malerei und Schnitzkunst. Gegenüber erhebt sich die Kirche **Sv. Archangel Michail** (tgl. 7–12 und 15–17.30 Uhr) mit ihrem niedrigen hölzernen Glockenturm. Das kleine Gotteshaus wurde 1819 auf den Fundamenten eines Vorgängerbaus von 1190 errichtet. Im Inneren sieht man wunderschöne Schnitzereien, besonders an der Ikonostase und am Bischofsstuhl, sowie kostbare Ikonen aus der Meisterschule von Trjavna.

Der markante achteckige Uhrturm dominiert den Kapitan Djado-Nikola-Platz in Trjavna

Eine 1844 errichtete Brücke führt nahebei über den munteren Wasserlauf der Trevnenska Reka nach Westen in die kopfsteingepflasterte **Uliza Slaveikov**, die die schmucken traditionellen Gebäude zu beiden Seiten zu einer der schönsten Straßen Bulgariens machen. Ein Paradebeispiel ist das 1804 errichtete **Kŭšta Musej Daskolov** (Ul. Slaveikov 27,

Meisterwerke lokaler Schnitzkunst sind einige Decken im Kŭšta Musej Daskolov

Tel. 0677/2166, sommers tgl. 9–19, winters tgl. 8–17 Uhr) mit seinem aus Bruchsteinen gemauerten Untergeschoss und dem strahlend weiß getünchten, vorkragenden ersten Stock. Eine im Haus untergebrachte Ausstellung zeigt kunstvolle Holzskulpturen, Ikonen und Möbel. In zwei Räumen kann man virtuos geschnitzte Holzdecken aus dem frühen 19. Jh. bewundern, die ein Meister und sein Schüler in kollegialem Wettstreit innerhalb von sechs Monaten fertig stellten.

Im nahe gelegenen **Kŭšta Musej Slaveikov** (Ul. Slaveikov 50, sommers tgl. 9–13 und 14–18, winters tgl. 8–12 und 13–17 Uhr) lebten der Schriftsteller Petko Slaveikov (1827–1895) und seine Frau mit ihren neun Kindern. Sohn Pentšo (1866–1912) wurde später ebenfalls Dichter. Das Gebäude ist mit Möbeln aus dieser Zeit ausgestattet.

Etwas abseits, westlich der Durchgangsstraße Ul. Stara Planina und der Eisenbahngleise liegt auf einem Hügel das **Musejat Trevnenska Ikonopisna Škola** (Ul. Breza 1, sommers tgl. 9–18, winters tgl. 8–16.30 Uhr), das Museum der Trjavnaer Ikonen- und Holzschnitzkunst. Auf dem Gelände wird in der sog. Zarenkapelle eine einzigartige Sammlung mit 160 Ikonen der Malschule von Trjavna aus dem 17.–19. Jh. gezeigt.

ℹ️ Praktische Hinweise

Information

Städtisches Tourismusbüro, Ul. Angel Kunčev 22, Trjavna, Tel. 06 77/22 47, www.tryavna.bg

Hotel

***Seasons, Ul. Kančo Skorčev 11, Trjavna, Tel. 06 77/49 37, www.seasons.tryavna.biz. Das angenehme Haus mit 65 Doppelzimmern und drei Suiten liegt ruhig etwas abseits des Zentrums im Westen der Stadt. Pool, Sauna und Jacuzzi sorgen für Wohlbefinden, das Restaurant bietet gute bulgarische Küche.

Restaurants

Balabanova, Ul. Slaveikov 33, Trjavna, Tel. 06 77/21 24. Liebevoll restauriertes Haus aus der Zeit der Wiedergeburt mit nationaler und internationaler Küche in gemütlicher Atmosphäre.

 Starata Loza, gegenüber dem Dakolov Haus, Trjavna, Tel. 06 77/45 01, www.starata-loza.tryavna.biz.
Auf der Karte stehen köstliche bulgarische Spezialitäten wie Šopska-Salat aus Tomaten, Gurken und Schafskäse oder die Hackfleischbällchen Kjufteta.

32 Vraca

Thrakische Kostbarkeiten und atemberaubende Schluchten.

Am Fuß des schluchtenzerfurchten Höhenzugs der Vracanska Planina liegt Vraca (60 000 Einw.) gut 100 km nördlich von Sofia in einer Ebene um das Flüsschen Leva. Im 6. Jh. erwähnt der byzantinische Chronist Prokop eine Festung am Ausgang der Vracata-Schlucht. Aus ihr entwickelte sich die mittelalterliche bulgarische Siedlung Vratica und ab dem

---

Schicksalspass der Bulgaren

Vom 400 m hoch gelegenen Gabrovo führt die E 85 in engen Kehren steil hinauf zum **Šipka-Pass** auf 1200 m. Die seit dem Altertum als Handels- und Militärstraße benutzte Strecke ist die kürzeste Verbindung nach Kazanläk und damit zwischen Nord- und Südbulgarien. Bekannt wurde der felsige Balkanübergang jedoch durch eine Schlacht, die hier während des Russisch-Türkischen Krieges von August 1877 bis Januar 1878 tobte. Über den Šipka-Pass sollten türkische Truppen nach Pleven eilen, um dort ihrer von den Russen eingeschlossenen Hauptarmee zu helfen. Doch auf der Passhöhe hatten sich 6000 Bulgaren unter General Stoletov verschanzt und widerstanden mit nur 27 Geschützen Monate lang unter schwersten Verlusten der anstürmenden Übermacht von 30 000 türkischen Soldaten. Damit war der Krieg zugunsten Russlands und des nach dem Friedensschluss gegründeten Bulgarischen Reiches entschieden.

An diese historisch bedeutende Tat erinnert heute am Passsattel das **Freiheitsdenkmal**. Knapp 900 Stufen führen zu einer kanonenumstandenen, 31,5 m hohen Pyramide, neben der ein 8 m hoher steinerner Löwe nach Süden hin Ausschau hält. Daneben sind in einer Ruhmeshalle die damals Gefallenen beigesetzt. Das vollständig durch Spenden finanzierte Denkmal entstand 1926 –29 und wurde 1934 offiziell eingeweiht.

Weitere Gedenkstätten rahmen diesen geschichtsträchtigen Ort, etwa das **Busludža-Denkmal**, 1981 anlässlich des 90. Jahrestages der Gründung der kommunistischen Partei Bulgariens eingeweiht. Wieder andere erinnern an den legendären Hadši Dimitǔr, der im 19. Jh. hier in den Bergen von den Türken getötet wurde [s. S. 74], oder an die 1939–44 während des Zweiten Weltkrieges gefallenen Partisanen.

Am Šipka-Pass erinnert das Freiheitsdenkmal an die Gefallenen von 1877/78

Entdeckungen im Priroden Reservat Vracata

Der 28 844 ha große Naturpark Priroden Reservat Vracata wurde 1989 eingerichtet und umfasst die gesamte Vracanska Planina mit ihrer vom Karststein geprägten, tief zerklüfteten Bergwelt. Das Eingangstor in dieses faszinierende Gebirge bildet die südwestlich von Vra-ca beginnende Vracata-Schlucht. Ihren V-förmigen, unten lediglich 200 m schmalen Eingang erreicht man vom Stadtzentrum aus in einem halbstündigen Spaziergang auf guter Asphaltstraße. In der Schlucht selbst steigen die Kalkwände beidseits des Flüsschens Leva dann nahezu senkrecht bis zu 300 m empor. Während vor allem an Sommerwochenenden Familien auf den Wiesen im Tal picknicken, hängen in den Felswänden daneben Kletterer und Freeclimber, denn die Vracata-Schlucht gilt als einer der anspruchsvollsten **Kletterspots**

Bulgariens. Es sind mehrere Routen mit Schwierigkeitsgrad 7–8 ausgewiesen und gesichert. Die Hütte *Alpijski Dom* am Ende der Schlucht ist Treffpunkt der Kletterer.

Hinter der Hütte verzweigt sich die Straße. Links schlängelt sie sich weiter bis zum Dörfchen Zgorigrad, rechts führt sie **TOP TIPP** in Serpentinen hinauf ins Gebirge zur ausgedehnten Höhle **Peštera Ledenika** (sommers tgl. 8.30–12.30 und 13–18 Uhr, winters tgl. 8.30–16 Uhr) auf 830 m Höhe. Auf dem 230 m langen, geführten Rundgang durch das 8 °C kalte Höhleninnere sind mannigfaltige Tropfsteinformationen zu sehen, in denen man – angeregt vom Führer – mit einiger Fantasie z. B. einen Adler, ein Krokodil oder gar einen Nikolaus erkennen kann. Höhepunkt der Besichtigung ist die 22,7 m hohe sog. *Konzerthalle* mit ihrer hervorragenden Akustik. Im Sommer

15. Jh. die türkische **Garnisonsstadt** Vraca. Der Ort wurde im Laufe seiner Geschichte mehrfach zerstört, zuletzt im 19. Jh. beim Kampf mit den Osmanen, gelangte aber immer wieder zu Blüte und Wohlstand, u. a. durch Lederverarbeitung, Goldschmiedehandwerk und Weinbau. Heute ist Vraca eine eher nüchterne **Industriestadt**, deren hübsches, locker bebautes Zentrum mehrere Häuser aus der Zeit der Wiedergeburt schmücken.

TOP TIPP Das Archäologische Museum **Archeologičeski Musej** (Pl. Christo Botev, Di–So 9–12 und 15–19 Uhr) im Zentrum bewahrt zwei thrakische Gold- und zwei Silberschätze aus dem 4. Jh. v. Chr. Die insgesamt 165 Schmuckstücke stammen aus den Gräbern eines Mannes und zweier Frauen, vermutlich königlichen Geblüts, die im nahen Gebirge beigesetzt wurden. Eine der beiden Frauen trug einen goldenen Lorbeer-

werden hier gelegentlich tatsächlich klassische Konzerte gegeben. Nahe dem Höhleneingang steht ein Zeltplatz zur Verfügung und ein einfaches Restaurant bewirtet Gäste.

Wendet man sich hinter der Alpijski Dom nach links, erreicht man nach wenigen Kilometern das Dorf *Zgorigrad*. Hier beginnt der sog. **Eco Trail**, auf dem man über mehrere in den Fels geschlagene Treppen und fünf Brücken auf steilem, teils sehr ausgesetztem Pfad entlang eines Flüsschens 700 Höhenmeter hinauf zum *Borov-Karnak-Wasserfall* wandern kann. Rauschend stürzt der Fall 63 m in die Tiefe. Dann sind es noch weitere 400 m nach oben, zu einem idyllischen aussichtsreichen Picknickplatz an der Quelle des Flüsschens. Die Wanderung dauert in eine Richtung etwa zwei Stunden, sollte allerdings nach starken Regenfällen nicht unternommen werden.

Sehr stimmungsvoll ist ein Abstecher zum Kloster **Čerepiški Manastir** in der Iskar-Schlucht ca. 20 km südwestlich von Vraca und 5 km hinter Ljutibrod (etwas unterhalb der Straße von Mezdra nach Novi Iskar und Sofia). Der Komplex mit seinen schmalen, an den Fels gebauten Gebäuden liegt sehr schön an einem bewaldeten Talhang über einem kleinen Flüsschen. Das Kloster wurde im 14. Jh. gegründet, kurz darauf von Türken zerstört und Ende des 18. Jh. von Mönchen wieder aufgebaut. Besondere Beachtung verdienen in der Klosterkirche die mit filigranem Schnitzwerk geschmückte Ikonostase von 1792 und die im frühen 19. Jh. entstandenen Fresken der Schule von Trjavna, darunter Darstellungen von Märtyrern wie den hll. Demetrius und Georg.

kranz aus 80 filigran gearbeiteten Blättern. Drei Pferde, angetan mit kunstvollem Silberharnisch und vor einen eleganten Streitwagen gespannt, hatten die Familie in den Tod begleitet.

Im Ethnografischen Komplex **Etnografski Kompleks** (Ul. General Leonov, Di–So 9–12 und 14–17 Uhr) geben traditionelle Trachten und Handwerkszeug Auskunft über das Alltagsleben im 19. Jh. Besonders die farbenfrohen Hoch-

zeitstrachten sind sehenswert. In drei nachgebauten Werkstätten arbeiten Schmiede und Schnitzer nach historischen Vorbildern.

Neben dem Museum befindet sich die Kirche **Sv. Vosnesenje**, die eine vorzügliche Ikonensammlung, vornehmlich aus dem 18./19. Jh., ihr Eigen nennt.

ℹ️ Praktische Hinweise

Information
Visit Vratza, Tel. 08 88/50 20 27, www.visit.vratza.com

Einkaufen
Souvenirläden mit Webarbeiten und Holzschnitzereien aus der Region befinden sich in den Orten Ljutibrod (im Rathaus) und Zgorigrad (am Hauptplatz).

Hotel
***Chaika**, Vraca (vor dem Eingang zur Vracata-Schlucht), Tel. 092/62 13 69, www.chaika.net. Modernes Motel an einem kleinen Weiher mit Tretbooten. Das Haus verfügt über fünf Zimmer und ein gutes Restaurant mit bulgarischer und internationaler Küche.

***Hemus**, Pl. Hristo Botev 1, Vraca, Tel. 092/62 41 50, www.hotelhemus.com. Modernes Hotel mitten im Zentrum an der Fußgängerzone mit elegant möblierten Zimmern und Suiten, Restaurant und Diskothek.

Statuen, Schmuck und Silberschätze zeigt das Archäologische Museum von Vraca

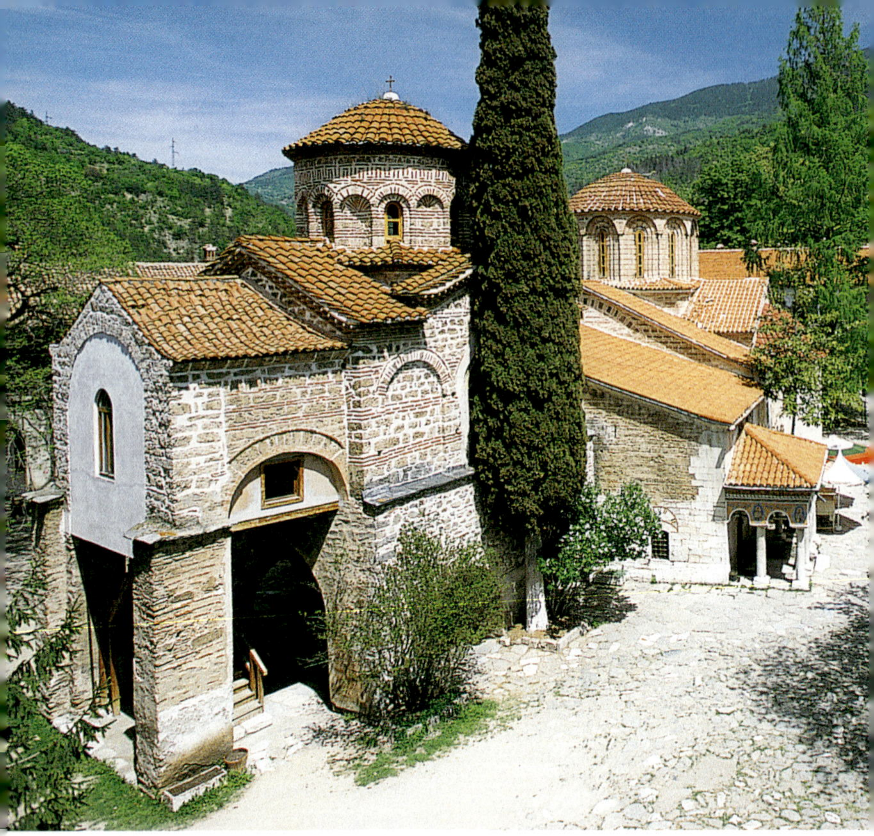

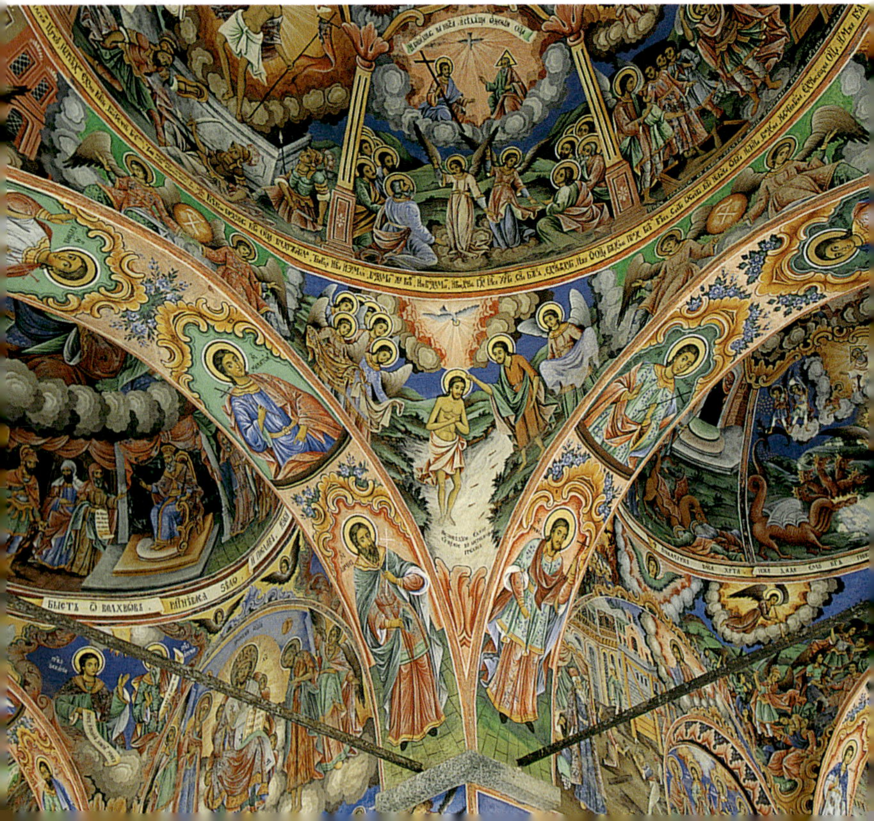

Südlich des Balkans – Klöster, Berge, Metropolen

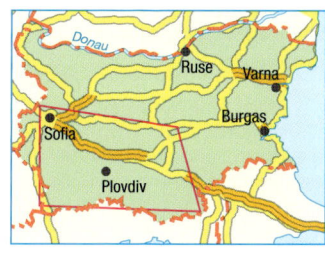

Südlich des Balkans erstrecken sich das *Thrakische Tiefland* sowie nahe der Schwarzmeerküste die Region *Ostrumelien*, die ihrerseits von den Gebirgen Strandža, Sakar, Rhodopen, Rila und Vitoša an der Hochebene von Sofia gerahmt sind. Weite Anbauflächen prägen die Ebenen, goldgelber Weizen und die zartgelben Blütendolden der Tabakpflanzen wogen im Wind, Wein wächst auf dem sandigen Boden der tiefen Schluchten des **Pirin-Gebirges** im Westen und Hunderttausende von Rosen erblühen im Mai und Juni im **Rosental**. Die wildromantische Gebirgslandschaft der **Rhodopen** lädt zum Wandern ein. Thrakische Grabmäler erinnern bei **Kazanläk** an längst vergangene Zeiten. Sinnbilder für Frömmigkeit und Kultur sind die altehrwürdigen Klöster **Bačkovo** und **Rila**, die zu den bedeutendsten Wallfahrtsorten der orthodoxen Kirche gehören. Lebhaft und eher diesseitig gibt sich **Plovdiv**, das sich hinreißender alter Architektur und einer trubeligen Fußgängerzone rühmen kann. Und schließlich lockt die lebenssprühende Landeshauptstadt **Sofia** zu Füßen des **Vitoša-Gebirges** mit einer Vielzahl an musealen Highlights.

33 Kazanläk

Stadtpark mit dem wohl bedeutendsten thrakischen Grabmal Bulgariens.

An der nordsüdlichen Hauptverbindung durch den Zentralbalkan wartet die 50 000-Einwohner-Stadt mit einem Thrakischen Grabmal auf, das zum *UNESCO-Weltkulturerbe* gehört. Das berühmte **Trakijsakata Grobnica** befindet sich im *Bjutold-Park*, der auf dem Tjulbeto-Hügel im Norden von Kazanläk, östlich der Ausfahrt Richtung Gabrovo, gelegen ist. Wenige Meter neben dem Original wurde ein *Nachbau* (Mai–Okt. tgl. 9–17 Uhr, sonst nach Absprache über das Museum ›Iskra‹, s.u.) errichtet, dessen Besuch einen ersten Eindruck vom ursprünglichen Erscheinungsbild des Grabmals geben. Hier kann man sich bei der Betrachtung Zeit lassen, der Zutritt zum Original dagegen ist aus konservatorischen Gründen streng limitiert. Nur zwei Besucher dürfen gleichzeitig hinein (max. 20 Personen pro Tag), um die Luftverhältnisse im Inneren möglichst wenig zu stören und das Verblassen der Fresken zu bremsen. Die erst 1944 entdeckte, aus dem 4./3. Jh.v.Chr. stammende Kammer ist ein *Kuppelgrab*, zugänglich über einen 2 m langen, engen Korridor, der mit Kampfszenen geschmückt ist. Das Grab selbst hat einen Durchmesser von 2,65 m und eine Höhe von 3,2 m. Die Kuppel ist mit zwei rundum laufenden Friesen bemalt. Der obere stellt Streitwagen in einem Rennen dar, der untere die Lieblingspferde und das Abschiedsmahl des hier beigesetzten, namentlich nicht bekannten Herrscherpaares. Die meisterhaft gemalten Szenen sind die einzigen thrakischen Bildzeugnisse, die bis heute überdauert haben.

Unterhalb des Bjutold-Parkes steht der Ethnografische Komplex, **Etnografski Kompleks Kulata**, aus der Wiedergeburtszeit. Holzwerkstätten, eine Rosenöl-Destillerie, Wohnhäuser und ein hübsches Hotelrestaurant vermitteln ein anschauliches Bild vom Kazanläk des 19. Jh. Das Historische Museum **Istoričeski Musej Iskra** (Ul. Sv. Sv. Kiril i Metodij 9, Tel. 04 31/637 62, Mo–Fr 9–17 Uhr) organisiert für Interessierte Ausflüge zu den laufen-

Oben: *Wie eine Oase des Friedens liegt Bačkovo Manastir im Tal des Čepelar*
Unten: *Kunstwerke ersten Ranges sind die Fresken im Arkadengang des Rila-Klosters*

Ein einzigartiges Rundfries ziert die Decke des Trakijsakata Grobnica von Kazanläk

den Ausgrabungen weiterer thrakischer Gräber der Umgebung. Funde werden im Museum präsentiert, insbesondere Relikte der einstigen thrakischen Siedlung Sevtopolis, die seit dem Bau eines Dammes Mitte des 20. Jh. auf dem Grund des dazugehörigen Stausees verschwunden ist. Aufsehen erregte der Fund einer 2400 Jahre alten Thraker-Maske aus reinem Gold in dem nahen Dorf *Šipka*.

Kazanläk als größte Stadt im sog. Rosental besitzt auch ein Rosenmuseum, das **Musej Na Rozata** (Ausfallstraße nach Gabrovo, Mitte Mai–Mitte Okt tgl. 9–17 Uhr). Dort erfährt man Wissenswertes über die Herstellung von Rosenöl und kann die kostbare Essenz sowie Rosenwasser oder Rosenlikör auch gleich kaufen.

ℹ Praktische Hinweise

Hotels

***Zornica**, hinter dem Thraker-Grabmal, Kazanläk, Tel. 04 31/639 39, www.zornica-bg.com. Modernes Haus mit Hallenbad, Sauna und schönem Blick über die Stadt.

Hiflika, Ul. Kniaz Mirski 28, beim Butjold Park, Kazanläk, Tel. 04 31/814 11, www.chiflika-bg.com. Perfekt restaurierte Wiedergeburtshausarchitektur mit komfortablen Zimmern und Restaurant im Garten.

Duftender Exportschlager

Im 17. Jh. kam die Ölrose (*Rosa damascena Mill. f. trigintipetala*) aus Indien über Persien, Syrien und die Türkei in die Täler zwischen Balkan und Sredna Gora. Diese ineinander übergehenden Senken werden gemeinhin als **Rosental** bezeichnet. Das aus den Rosenblüten gewonnene Öl avancierte bald zum wichtigsten Handelsprodukt und wurde mit dem sechsfachen seines Gewichts in Gold aufgewogen.

3 kg oder 1500 Blüten müssen gesammelt werden, um nur 1 g Rosenöl zu erhalten. Von Mai bis Anfang Juni machen sich noch in der Nacht die Erntearbeiter auf den Weg, um frühmorgens gegen 4 Uhr die Blüten zu ernten. Nur dann – in der Morgenkühle, wenn die Rosen noch von Tau benetzt sind – entfaltet das Aroma zur Gänze, ist die Ausbeute an Öl am höchsten. Wenn um 10 Uhr die Hitze des Tages beginnt, endet die tägliche Ernte und die Blüten wandern in die Destillationsgeräte, in denen je 15 kg Blüten mit 60 l reinem Wasser gemischt und auf 120 °C erhitzt

Festlich geschmückt feiert man im Juni im Rosental die ›Königin der Blumen‹

werden. Dabei werden Öl und Rosenwasser gewonnen. Zwischen 3500 und 4500 € muss man pro kg reinen Rosenöls bezahlen. Kunden sind alle großen internationalen Parfumhersteller, denn das bulgarische Öl gilt als ausgesprochen qualitätvoll und beständig. Das Ende der Ernte, meist am ersten Juniwochenende, wird mit dem traditionellen **Fest der Rose** gebührend gefeiert.

34 Koprivštica

TOP TIPP

Schmuckes Museumsstädtchen in einem idyllischen, 1000 m hoch gelegenen Tal.

Mitten im Sredna-Gora-Gebirge, dem sog. Anti-Balkan, schmiegt sich Koprivštica seit dem 14. Jh. in das breite Flusstal der *Topolnica*. Eingang in die Geschichtsbücher fand Koprivštica am 20. April 1876, als hier der ›Aprilaufstand‹ gegen die Türken ausgerufen wurde, der schließlich das ganze Land erfasste. Die steinerne Brücke **Most Kalŭčev** von 1813 erinnert mit ihrem Zweitnamen ›Brücke des ersten Schusses‹ an dieses Ereignis.

Heute empfängt den Besucher ein friedliches Bild. Sorgfältig restaurierte, mit Erkern und Loggien geschmückte Häuser, einst Residenzen der Kaufleute und Viehhändler, leuchten in bunten Farben durch das Grün ihrer Gärten. Der Ort besitzt eines der schönsten Ensembles bulgarischer *Wiedergeburtsarchitektur* und zeigt den Wohlstand seiner Bewohner im 19. Jh., als hier rund 12 000 Menschen ansässig waren. Heute leben noch 2500 Einwohner in dem vollständig unter Denkmalschutz gestellten Städtchen.

Das einstige Kaufmannshaus **Oslekov Kŭšta Musej** (Ul. Gereniloto 4, Mi–Mo 8–12 und 13.30–17.30 Uhr) nordwestlich des Hauptplatzes *Ploštad 20. April* entstand Mitte des 19. Jh. Es besitzt eine ungewöhnlich große zentrale Halle und ist mit Schnitzwerk und Wandmalereien reich geschmückt. Die verglaste Veranda wird von Säulen aus Zedernholz gestützt, die eigens aus dem Libanon herbeigeschafft wurden. Heute beherbergt das Hausmuseum eine ethnografische Sammlung und stellt gängige Möbel der Zeit aus. Im zweistöckigen, blauen **Dimčo Debelianov Kŭšta Musej** (Ul. Dimčo Debelianov 6, Di–So 8–12 und 13.30–17.30 Uhr), etwas hinter dem Oslekov-Haus, lebte der bulgarische Dichter Debelianov (1887–1916). Durch das Eingangstor betritt man den schattigen Garten mit hohen Bäumen. Das 1830 errichtete Gebäude lässt die für die Region typische Lebensweise im Wechsel der Jahreszeiten erkennen: Im Erdgeschoss verbrachte man den Winter, im Sommer zog man in die luftig gebaute erste Etage um. Im Inneren des Hausmuseums erinnern Manuskripte und Dokumente an den Poeten, einen der bedeutendsten Vertreter des bulgarischen Symbolismus.

Einst lebte ein wohhabender Kaufmann im heutigen Kŭšta Musej Ljuben Karavelov

Einem Revolutionär ist das **Todor Kableškov Kŭšta Musej** (Ul. Todor Kableškov 8, Di–So 8–12 und 13.30–17.30 Uhr) westlich des Hauptplatzes gewidmet. Es wurde von Baumeister *Genčo Mladenov* 1835 errichtet und zählt zu den beeindruckendsten Zeugnissen der Wiedergeburtsarchitektur. Streng symmetrisch entwickelt sich das Gebäude um einen zentralen Raum, der in der ersten Etage Erkercharakter annimmt. Opulent ist die Ausgestaltung im Inneren.

Das 1854 entstandene **Ljutovata Kŭšta Musej** (Ul. Nikola Beloveždov 2, Di–So 8–12 und 13.30–17.30 Uhr) südlich des Hauptplatzes ist ein weiteres Beispiel für

Die Ausstattung der Hausmuseen von Koprivštica verrät gutbürgerlichen Wohlstand

*Wie ein Juwel liegt Plovdiv eingebettet inmit-
ten der grünen Hügel der Rhodopen*

ein Kaufmannshaus und zeichnet sich
durch eine großzügige Wohnhalle mit
einer wunderschönen ovalen, geschnitzten Holzdecke aus. Die Malereien an den
Wänden des Wohnbereiches zeigen
hauptsächlich florale Muster. In der ersten Etage vergegenwärtigt die originale
Einrichtung das Leben der Händler, im
Parterre sind Teppiche zu sehen.

Das Georgi **Benkovski Kušta Musej** (Ul.
Georgi Benkovski 5, Mi–Mo 8–12 und
13.30–17.30 Uhr) von 1831 im Südosten am
anderen Ufer des Flusses ist die Geburts-
stätte des Anführers des Aprilaufstandes
von 1876. Das traditionelle Haus eines
Händlers zeichnet sich durch eine sym-
metrische Konstruktion mit einer zentralen offenen Veranda aus, die sich im ersten Stock in eine große Wohnhalle fort-
setzt. Zu sehen ist eine Ausstellung zur
Revolution.

Das **Kušta Musej Ljuben Karavelov**
(Bul. Chadži Nenčo Palaveev 39, Di– So
8 –12 und 13.30– 17.30 Uhr) auf derselben
Flussseite besteht aus drei Gebäuden,
die in der ersten Hälfte des 19. Jh. entstanden. Das eher bescheidene *Winter-
haus* umfasst Wohnraum, Küche und
Keller, das *Sommerhaus* ist dagegen
zweistöckig mit großzügiger Veranda.
Das dritte Gebäude diente als Lager.

Beim Bummeln im Ort kann man noch
viele weitere architektonische Schön-
heiten entdecken.

ℹ Praktische Hinweise

Information
Tourist Information Center,
Pl. 20. April, Koprivštica, Tel. 071 84/21 91,
www.koprivshtitza.com

Feste
Am 1. und 2. Mai wird des Aprilaufstandes von 1876 gedacht, Mitte August
findet ein Fest mit Umzügen, Trachten-
tänzen und Volksmusik statt.

Hotel
**Baština Kašta, Bul. Chadži Nenčo
Palaveev 32, Koprivštica, Tel. 071 84/30 33,
www.fhhotel.info. Modernes Hotel im
Wiedergeburtsstil am zentralen Platz.
Freundliche Zimmer und nettes Personal. Das gleichnamige Restaurant bietet
schmackhafte bulgarische und internationale Küche.

35 Plovdiv

*Besuchermagnet ist die wunder-
schöne Altstadt mit den reizvollen
Wiedergeburtshäusern.*

Die quirlige Universitätsstadt Plovdiv, die
sich am südlichen Rand der thrakischen
Tiefebene erstreckt, ist heute mit 350 000
Einwohnern die zweitgrößte Metropole
des Landes. Hier hinterließen alle Kulturen, die auf bulgarischem Boden im
Lauf der Jahrhunderte lebten, architektonische Spuren. Im Sommer ist in der
Stadt allerorten mediterraner Lebensstil
spürbar, dann flanieren Einheimische wie
Touristen auf den breiten Avenuen der
Neustadt und in den engen Gassen der
auf einem Hügel liegenden Altstadt.

Geschichte Philipp II. von Makedonien
eroberte im 4. Jh. v.Chr. die thrakische
Siedlung *Eumolpia* und gründete sie als
Philippopolis neu. Die Römer nannten die
Stadt rund 400 Jahre später *Trimontium*,
Khan Krum eroberte sie 834 von Byzanz
und änderte ihren Namen in *Plovdiv*. Die
Bezeichnung *Philibe* war ab 1365 unter
der osmanischen Regierung üblich. Während der Türkenherrschaft entwickelte
sich die Stadt zum blühenden Zentrum
von Handel und Kultur. Der Warenum-
schlag nahm auch nach Gründung des
Dritten Bulgarischen Reiches einen wich-

tigen Platz ein. Im 20. Jh. avancierte Plovdiv schließlich zur wichtigen Messestadt.

Besichtigung Das Zentrum Plovdivs verteilt sich auf mehrere Hügel, die Altstadt liegt auf dem *Nebet Tepe*, ein Tunnel für den Hauptverkehr führt unterhalb durch den Berg. Zwischen ihm und dem westlichen Nachbarhügel Sachat Tepe verläuft mit dem Bul. Knjas Aleksandar I und dem anschließenden Bul. Raijko Daskalov die Fußgängerzone, die vom *Ploštad Zentralen* bis zum Ufer der Marica reicht. Dort befindet sich in Ufernähe das sehenswerte **Archeologičeski Musej** ❶ (Pl. Saedinenie 1, Mo–Fr 9–12.30 und 13–17.30 Uhr), eine der wichtigsten Sammlungen des Landes. Neben zahlreichen Exponaten aus der griechischen und römischen Antike besitzt das Archäologische Museum einen berühmten thrakischen Helm. Einen sehr guten Ruf genießt auch die numismatische Abteilung. Darüber hinaus sind Inkunabeln, Ikonen und Gemälde zu sehen.

Ein Stück weiter im Osten steht am Flussufer die **Imaret Džamija** ❷ aus dem 15. Jh. Das Minarett der Moschee ziert ein ungewöhnliches Zickzack-Relief. Geht man nun die Fußgängerzone Richtung Zentrum zurück, erreicht man am Pl. Džumaja mit Kleinkunstmarkt und Straßenmalern die **Džumaja Džamija** ❸

(außerhalb der Gebetszeiten auch für Nicht-Muslime zugänglich). Das mit neun Kuppeln überwölbte Gotteshaus wurde ebenfalls im 15. Jh. erbaut und ist die größte Moschee Plovdivs. Im Inneren sind kunstvolle Schmuckfriese mit Koransuren zu sehen, die Fassade schmückt eine Sonnenuhr.

Über die Ul. Saborna geht es nun die immer schmaler werdenden Gassen hügelan. Oberhalb der Kirche *Sv. Bogorodica* (19. Jh.), über eine Treppe erreichbar, lohnt die Ausstellung im **Christo Danov Küšta Musej** ❹ (Ul. Metropolit Paisij 2, Mo–Sa 9–12 und 13–17.30 Uhr) einen Besuch. Der Lehrer und Verleger Christo G. Danov machte Plovdiv ab 1855 zu einem Zentrum der *Buchkunst* im Sinne der nationalen Wiedergeburt. Druckmaschinen, Manuskripte und historische Fotos beschreiben sein Leben und Wirken. Weiter oben an der Ul. Saborna passiert man die *Apotheke Hipokrat* mit historischer Inneneinrichtung und gelangt zur Kirche **Sv. Konstantin i Elena** ❺ von 1832, die ein fünfgeschossiger Glockenturm schmückt. Sehenswert im Inneren sind die reich verzierte und vergoldete Ikonostase sowie Ikonen des Meisters Zachari Zograph von 1836. Ein paar Schritte weiter erreicht man das östliche Stadttor aus römischer Zeit, das rund 1500 Jahre alte **Chisar Kapija** ❻. Dort steht an einer Ecke das **Georgi Kušta Musej** ❼ (Ul. Lavrenov 1, Mo–Fr 9–12.30 und 13.30–17 Uhr) von 1846–48, benannt nach seinem Baumeister *Andrej Georgi.* Es gilt als das schönste Beispiel für den ›Plovdiver Barock‹, eine besonders schwungvolle und reich ausgeschmückte Variante der Wiedergeburtsarchitektur. Über der dreigeteilten Fassade beschattet ein in der Mitte auf-

geschwungenes Dach die großen Fenster und den mittleren halbrunden Erker des dreistöckigen Gebäudes. Die Fassade ist üppig mit floralen Ornamenten verziert. Im Inneren thematisiert eine Ausstellung die nationale Befreiung.

Auf der anderen Seite der Ul. Saborna beeindruckt das tiefrote **Balabanov Kušta Musej** ❽ (Ul. K. Stoilov 57, tgl. 9–18 Uhr)

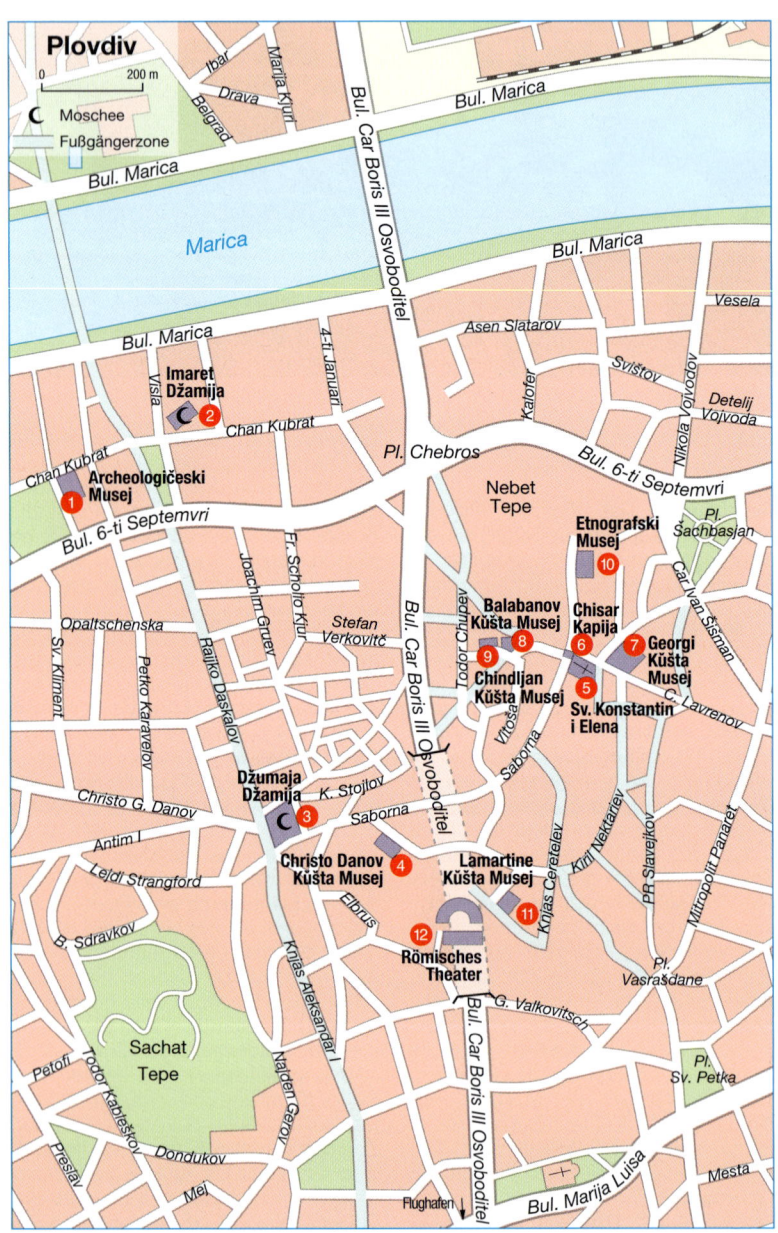

mit seinen vornehmen, mit floralen Ornamenten verzierten Räumen im ersten Stock. Es führt als Hausmuseum das Leben begüterter Städter vom Anfang des 19. Jh. vor Augen, eindrucksvoll ist vor allem die überaus elegante Möblierung. Im Parterre befindet sich eine Kunstgalerie. Das **Chindljan Küšta Musej**  (tgl. 9–18 Uhr) gleich dahinter ist wegen seiner prächtigen dreigeteilten Fassade mit den seitlichen Erkern berühmt. Mit seinen schönen Fresken an Wänden und Decken sowie originaler städtischer Einrichtung aus der Wiedergeburtszeit dient es ebenfalls als Hausmuseum. Sogar ein mit Heißdampf betriebenes römisches Bad ist zu sehen. Das Haus entstand 1835–40 für den reichen Kaufmann Chindljan. Das kleine Gebäude im Garten verbarg hinter einer schweren Eisentür einst das Gold seines Handelshauses.

Ein paar Schritte Richtung Norden führen zum **Etnografski Musej** (Ul. Dr. Čomakov 2, Di–So 9–12 und 13.30–17.30 Uhr) mit einer umfangreichen Ausstellung traditioneller Werkzeuge, Trachten und Möbel. Das Museum residiert in einem hübschen Kaufmannshaus aus dem Jahr 1847.

Steigt man den Hügel Richtung Süden hinauf, kommt man zum **Lamartine Küšta Musej** (Ul. Knjas Ceretelev 19, Mo–Fr 8–12 und 14–17 Uhr), das heute dem bulgarischen Schriftstellerverband gehört. Ein Zimmer ist als Museum dem Andenken des französischen Poeten *Alphonse de Lamartine* (1790–1869) gewid-

Schwungvolle Fassadenarchitektur des Plovdiver Etnografski Musej

met, der 1833 auf seiner Orientreise hier Unterkunft fand und sich lobend über die Stadt äußerte. »Inmitten eines weiten, fruchtbaren Tals ragt eine felsige Anhöhe empor – wer könnte sich wohl eine schönere natürliche Lage für eine Stadt vorstellen?« notierte er 1833 in sein Journal.

Ein Stück weiter stößt man direkt oberhalb des Autotunnels auf das **Römische Theater** (tgl. 8 Uhr bis Sonnenunter-

3000 Menschen füllten einst das weite Rund des Römischen Theaters von Plovdiv

Unter himmlischem Schutz scheint dieser Mönch des Bačkovo Manastir zu wandeln

gang). Es wurde im 2. Jh. in unvergleichlicher Lage am Hang errichtet und erlaubt einen fantastischen Blick über die Neustadt. Im Sommer finden in dem 3000 Personen fassenden Halbrund mit dem dreistöckigen Bühnenbau regelmäßig Konzerte, Theater- und Filmaufführungen statt.

Bačkovo Manastir

Rund 30 km südlich von Plovdiv erreicht man über Asenovgrad im Tal des Čepelar das **Kloster Bačkovo** inmitten dicht bewaldeter, steiler Berghänge der Rhodopen. Es wurde 1083 vom byzantinischen Heerführer *Grigori Bakuriani* begründet. Bald schon wurde das Kloster wohlhabend und schließlich reichten seine Ländereien bis Thessaloniki im heutigen Griechenland. Über einen von Kiosken mit Souvenirs und Devotionalien gesäumten Weg erreicht man vom Parkplatz aus die mächtigen Wehrmauern und betritt den kopfsteingepflasterten **Haupthof** mit der Kirche Sv. Uspenie Bogorodično (s. u.) und den sie umgebenden zweistöckigen Galeriebauten. Die heutige Anlage wurde nach mehreren Bränden im 16./17. Jh. erneuert. Original erhalten blieb nur die außerhalb der Mauern stehende **Grabeskirche**. Dieser älteste Bau des Klosters, auch ›Beinhaus‹ genannt, stammt vermutlich aus dem 11. Jh. Die darin erhaltenen Fresken des georgischen Künstlers Johannes Iberopopulos zeigen byzantinische Stilmerkmale.

1601 wurde das **Refektorium** (nur in Begleitung zu besichtigen) errichtet, das sich zwischen dem Haupthof und dem anschließenden südlichen Hof befindet. Die Wandmalereien stellen altgriechische Philosophen wie Aristoteles und Sophokles dar – Ausdruck der kulturellen Weltläufigkeit und des intellektuellen Anspruchs der Klosterbrüder. 1604 wurde die zentrale Hauptkirche **Sv. Uspenie Bogorodično** erbaut, mit der Ausmalung war man noch bis 1645 beschäftigt. Die Kreuzkuppelkirche mit den drei Apsiden beherbergt die wertvollste Ikone des Klosters, ein wundertätiges *Marienbildnis*, das im Jahr 1310 aus Georgien hierher gebracht wurde. Die Wandfresken der Kirche wurden 1643 von Mönchen aus den Klöstern vom Berg Athos geschaffen. Sie zeigen detailreiche Szenen wie z. B. die Tortur eines Bojaren.

Ein interessantes Fresko schmückt die im zweiten Hof hinter dem Refektorium stehende Kirche **Sv. Nikola**: das ›Jüngste Gericht‹ von *Zachari Zograph* aus dem Jahr 1850. Der bedeutende Vertreter sakraler Malerei der bulgarischen Wiedergeburtszeit hat sich hier neben dem Abt verewigt und damit das erste Selbstbildnis eines bulgarischen Künstlers in einem Sakralwerk hinterlassen. Abschließend kann man dem **Klostermuseum** im Haupthof einen Besuch abstatten. Hier sind Ikonen und Folianten sowie ein Schwert ausgestellt, das Friedrich Barbarossa gehört haben soll.

ℹ **Praktische Hinweise**

Einkaufen

Zahlreiche junge Modegeschäfte gibt es in der Fußgängerzone *Ul. Rajko Daskalov* und *Knjas Alexandar I*. Preiswert und im Trend sind Dessous und Bademoden.

Hotels

****Hebros**, Ul. K. Stoilov 51, Plovdiv, Tel. 032/26 01 80, www.hebros-hotel.com. Kleines Luxushotel im Herzen der Altstadt. Jedes der sechs Zimmer ist individuell gestaltet und geschmackvoll mit Antiquitäten eingerichtet. Mit ausgezeichnetem Restaurant und hübschem Garten. Große Weinauswahl.

****Novotel Plovdiv**, Ul. Zlatiju Boiadijev 2, Plovdiv, Tel. 032/93 44 44, www.accorhotels.com. Ein Geniestreich des Architekten hat den 1970er-Jahre-Bau in ein puristisch-postmodernes Kunstwerk verwandelt. Das Hotel bietet elegante Zimmer, drei Restaurants, ein Café und zwei Bars sowie ein beheiztes Hallenbad und Fitnessangebote.

***Bulgaria**, Ul. Patriarch Eutimij 13, Plovdiv, Tel. 032/63 35 99, www.hotelbulgaria.net. Quaderförmiges Hotel mit komfortabel ausgestatteten Zimmern, zentral in der Fußgängerzone gelegen.

Restaurants

Janet, Ul. Četvari Yanuari 3, Plovdiv, Tel. 032/62 60 44. Das Restaurant befindet sich im Nicoloidi-Haus, der ehem. Residenz einer griechischen Händlerfamilie. Man sitzt gemütlich drinnen oder im Gartenhof, serviert wird bulgarische Küche.

TOP TIPP **The Old Town Residence**, Ul. Knjas Ceretelev 11, Plovdiv, Tel. 032/63 23 89, www.theoldtownresidence.com. Eleganz in Marmor und Gold, im Restaurant genießen die Gäste Tarator und Kjufteta mit einem fantastischen Blick über die Stadt. Auch luxuriöse Apartments stehen zur Verfügung.

Eindrucksvolle Wandmalereien im Bogengang der Klosterkirche des Bačkovo Manastir

36   Rhodopen

Bewaldete Hügel mit tiefen Tälern und beschaulichen Dörfern in ursprünglicher Bergwelt.

Geologisch gehören die weit im Süden gelegenen Rhodopen zum thrakisch-mazedonischen Bergmassiv. 15 000 km² des Labyrinths aus Bergzügen erstrecken sich auf dem Gebiet Bulgariens. **Ovid** führt die Entstehung der Rhodopen auf ein Liebespaar zurück, das sich frevelnd Zeus und Hera nannte und von den Göttern deshalb in weit auseinander liegende Gebirge verwandelt wurde: *Haemus/Balkan* und *Rhodope*. Auch soll der Thraker **Orpheus** im 1. Jt. v.Chr. in den Rhodopen geboren worden sein. Mit wundervollem Gesang und Leierspiel zog er Menschen wie Götter in seinen Bann. Als seine Gattin *Eurydike* starb, machte er sich auf in die Unterwelt, um sie zu retten. Dort rührte sein Gesang den Gott Hades so sehr, dass er Eurydike die Rückkehr in die Welt der Lebenden erlaubte. Verbotenerweise schaute sich Orpheus jedoch auf dem Weg in die Oberwelt nach ihr um – und verlor Eurydike für immer.

Das Gebirge ist reich an Bodenschätzen, in frühester Zeit schon wurde hier

Als ob die Zeit still steht – ländliche Ursprünglichkeit prägt die Bergdörfer der Rhodopen

nach Blei, Kupfer, Eisen, Gold und Silber gegraben. 80 % des Landesbestandes an Nadelbäumen wächst an den Hängen der Rhodopen und macht die Holzindustrie zu einer der wichtigsten Einkommensquellen der Region. Auch die Viehzucht auf den fetten Weiden spielt nach wie vor eine große Rolle, dazwischen sieht man immer wieder sorgsam gepflegte Tabakfelder. Riesige Gebiete der Rhodopen sind jedoch bis heute von der Zivilisation völlig unberührt und bieten Bären und Wildschweinen ein Zuhause.

Die Rhodopen laden zum perfekten **Erholungsurlaub** in der Wildnis ein: Wanderungen von Berghütte zu Berghütte, Wintersport oder spannende Höhlenexkursionen. Bergdörfer wie **Kovačevica** nordöstlich von Goce Delčev sind Ziel für Menschen, die das Bulgarien von einst erleben wollen. Gleich westlich von Pamporovo [s. Nr. 37] lockt das Museumsdorf **Široka Lŭka** mit hübschen Wiedergeburtshäusern. Und die Höhle **Jagodinska Peštera** verzaubert mit wunderschönen Tropfsteinen. Zu ihr führt von Smoljan [Nr. 37] 50 km Richtung Dospat ein markierter Abzweig durch ein enges, felsiges Tal. Die Höhle von Jagodina ist eine der größten Tropfsteinhöhlen Bulgariens, der gesamte Komplex misst 8501 m Länge. Bei der

TOP TIPP

Führung durch den begehbaren, etwa 1100 m langen Teil der Höhle sieht man eine überwältigende Anzahl von Stalaktiten, Stalagmiten und Stalaktonen, wie die aus zusammengewachsenen Tropfsteinen gebildeten Säulen in Bulgarien genannt werden. Der Fantasie sind bei der Interpretation der Steinrosen und -vorhänge keine Grenzen gesetzt.

37 Smoljan

Größte Stadt der Rhodopen und gute Basis für die Erkundung des Gebirges.

Die moderne Stadt mit ihren rund 31 000 Einwohnern liegt in einem Talkessel auf 1000 m Höhe am Fluss *Černa*, umgeben von sieben Seen. Die malerischen Wasser, auch ›Smaragdaugen der Rhodopen‹ genannt, bieten von ihren Ufern reizvolle Ausblicke auf das umliegende Gebirge.

Die Kulturgeschichte der Rhodopen ist im **Istoričeski Musej** (Pl. Bulgaria 3, Di–So 9–12 und 13–17 Uhr) aufbereitet, zu dem der *Bul. Bulgaria* über Treppen empor führt. Die Exponate des Historischen Museums sind in einer *archäologischen* (Prähistorie, Thraker, Mittelalter) und einer *ethnologischen Abteilung* (Rituale, Handwerk, Architektur, Traditionen) zusammengefasst und englisch beschriftet.

Die Stadt ist auf Fremdenverkehr eingestellt und bietet sich als Ausgangspunkt für schöne Wanderungen in die Rhodopen an.

Ausflüge

Auch die kleinen Dörfer in der Umgebung, in denen noch ursprüngliches Brauchtum gepflegt wird, laden zu Erkundungen ein. So legen z. B. die Bewohner von **Smiljan** (südlich von Smoljan) alljährlich beim Milchfest am letzten Augustwochenende Trachten an und küren das schönste Vieh.

Im Dorf **Mogilica** 15 km südlich von Smoljan steht das **Aguševi Konaci**, ein fantastisches Märchenschloss im Wiedergeburtsstil. Die 1834 entstandene Sommerresidenz ist der wahr gewordene Wohntraum eines reichen Feudalherren. Das Tragwerk des Gebäudes sowie die Dachüberstände sind üppig mit Schnitzereien verziert und florale Muster schmücken die kalkweiße Fassade. 221 Fenster, 86 Türen und 24 Kamine sind zu zählen! Im Innern prangt ebenso reiches Schnitzwerk aus edelsten Hölzern an Decken, Wänden, Türen und Schränken. Beeindruckend ist auch die kostbare Möblierung der Räume. Leider kann das Haus derzeit nicht besichtigt werden.

Unweit nördlich von Smoljan liegt der Gebirgsort **Pamporovo** auf 1650 m Höhe, ein sehr beliebtes Ski- und Wanderresort mit Hotels aller Kategorien. 20 km Skipisten und 25 km Loipen stehen zur Verfügung, dazu fünf Sessel- und neun Schlepplifte, mit denen es u. a. auf die *Snežanka* (1926 m), den Hausberg von Pamporovo, geht. 150 Tage im Jahr liegt hier Schnee. Im Sommer wandert man oder fährt man mit dem Mountainbike in die umliegenden Wälder.

ℹ️ Praktische Hinweise

Information

Touristenbüro, Mladejki Dom, Bul. Bulgaria 5, Smoljan, Tel. 03 01/625 30, www.rodopi-bg.com

Einkaufen

Orion Ski, Ul. Čaja 7, Čepelare (nördlich von Pamporovo auf dem Weg nach Plovdiv), Tel. 030 51/214 42, www.orionski. com. Die Ski- und Snowboardfabrik produziert für ganz Europa und hat in ihrem Outlet günstige Angebote.

Hotels

*****Pamporovo, Ski- und Wanderzentrum, Pamporovo, Tel. 030 95/81 22, www.vghotel.net. Modernes Luxushotel mit 350 Betten, Freibad, Restaurant und mehreren Bars.

***Perelik, Pamporovo, Tel. 03 01/688 68, www.perelikpalace.com. Mittelklassehotel mit 450 Betten, Hallenbad, Sauna, Fitnesseinrichtungen, mehreren Restaurants und Bars.

***Silver, Ul. Panorama 8, Smoljan, Tel. 03 01/632 92, www.silver.smolyan. info. Kleines Familienhotel in einem Neubau oberhalb des Zentrums zwischen den Seen von Smoljan. Aufmerksames Personal.

Restaurant

Riben Dar, Ul. Snežanka 16, Smoljan, Tel. 03 01/632 20. Drinnen in rustikaler Atmosphäre oder draußen im hübschen Garten kommen traditionelle Landesküche und viel Fisch auf den Tisch.

38 Pirin-Gebirge

Idyllisches Wanderparadies und als Nationalpark ein Weltnaturerbe der UNESCO.

Zwischen den Flüssen Struma und Mesta wachsen die majestätischen Gipfel des Pirin bis zu 3000 m in den Himmel. *Schnee-*

Trutzig-verspielte Ecktürme und Erker des Aguševi Konaci in Mogilica

gebirge – Orbelos bzw. Orbelus – nannten die Thraker das zweithöchste Massiv Bulgariens. Die heutige charakteristische Gestalt des Gebirges geht auf die Eiszeit zurück. Es ist von steilen Abhängen geprägt, von unbewaldeten Bergkämmen und nadelspitzen Gipfeln aus Granit und Marmor. Dazwischen liegen idyllische Hochtäler mit seltenen Pflanzen, saftigen Weiden und kristallklaren Seen. Das Gebirge erstreckt sich über 1200 km², sein Zentrum wurde zum Nationalpark erklärt und steht als **Weltnaturerbe** auf der UNESCO-Liste.

Schon früh im Jahr kann man in den unteren Bereichen des Pirin wandern, im Hochgebirge sind die Wege erst ab Mai schneefrei. Höchster Gipfel ist mit 2914 m der *Vichren*. Die Forellen der über 140 kristallklaren Seen gelten als die schmackhaftesten des Landes. Als Ausgangspunkt für Entdeckungen im Pirin eignen sich die Ortschaften Sandanski [Nr. 40] und Melnik [Nr. 41] im Süden und der Wintersport- und Sommerkurort Bansko [Nr. 39] im Norden.

Zu fantastisch geformten Höhenzügen türmt sich das ›wettergegerbte‹ Pirin-Gebirge auf

Traditionelle Wiedergeburtsarchitektur zu Füßen des Pirin-Gebirges.

Bansko (10 000 Einw.) liegt auf 1000 m Höhe am nördlichen Rand des Pirin und gilt als der schönste Wintersportort Bulgariens. Schon vor Jahrtausenden war die Region besiedelt, Festungsruinen zeugen von kriegerischen Zeiten. Heute lohnt das Städtchen hauptsächlich wegen seiner hübschen Wiedergeburtshäuser und der umgebenden fantastischen Berglandschaft einen Besuch.

Die Kirche **Sv. Troica** zwischen den beiden Hauptplätzen *Vüsraždane* und *Nikola Vapcarov* gehört zu den wichtigsten Sakralbauten des Pirin. Sie entstand 1835 als dreischiffige Pseudobasilika, 15 Jahre später kam der Glockenturm hinzu. Das Innere ist mit Fresken und Schnitzereien des Meisters *Velian Ognev* geschmückt, einem der berühmtesten Vertreter der Malerschule von Bansko. Die Ikonen stammen aus derselben Schule, sie wurden von Mitgliedern der Familie *Višanov*, geschaffen. Während Vater *Toma* noch stark vom europäischen Rokoko beeinflusst war, kehrten sein Sohn *Dimitür* und Enkel *Simeon*, genannt Molerov, zu traditionell bulgarischen Stilelementen zurück.

Das **Benina Küšta Musej** (tgl. 9–12 und 14–18 Uhr) gleich bei der Kirche ist ein typisches Beispiel für die Architektur im ausklingenden 18. Jh., mit hölzerner Veranda und langen Sitzbänken entlang der Wohnraumwände. In diesem Haus wurde der Aufklärer *Neofit Rilski* (1793–1881) geboren. Heute erinnert eine Ausstellung an den universal begabten Dichter, Maler, Musiker und Wissenschaftler. Das **Velianova Küšta Musej** (Ul. Velian Ognev 5, Mo–Fr 8–12 und 14–18 Uhr) östlich der Kirche birgt eine kleine ethnografische Sammlung und besticht durch seine reiche Dekoration an der Fassade wie im Inneren, insbesondere durch die aufwendigen Schnitzereien mit floralen und geometrischen Mustern.

Im mehrfach umgebauten und modernisierten **Vapzarov Küšta Musej** (tgl. 8–12 und 14–18 Uhr) am Pl. Nikola Vapzarov befindet sich das *Historische Museum* der Stadt. Die Sammlung erinnert mit originalgetreuer Einrichtung, Bildern und seinen ausgestellten Werken an den 1909 in Bansko geborenen Dichter *Nikola Vapzarov* (1909–1942), der 1952 posthum den Internationalen Friedenspreis erhielt.

Über schneebedeckte Gipfel wandern – in der großartigen Bergwelt des Pirin- und des angrenzenden Rila-Gebirges

ℹ Praktische Hinweise

Information

Touristenbüro, Komplex der Kunstgalerie am Hauptplatz, Bansko, Tel. 07 49/885 80, www.banskobg.org

Hotels

*****Grand Arena Kempinski, Ul. Pirin 96, Bansko, Tel. 07 49/888 88, www.kempinski-bansko.com. 160 luxuriöse Zimmer und Suiten mit Balkon und Blick auf die Stadt oder das Gebirge. Alle Annehmlichkeiten wie Spa und Wellness-Zentrum mit Innen- und Außenpool, Hammam und Fitnesscenter. Mehrere Lounges, Restaurants und Bars.

***BalMax, Ul. Knyaz Boris I 48, Bansko, Tel. 07 49/880 73. 18 funktional eingerichtete Zimmer, moderne Aufenthaltsräume, Sauna, Innenschwimmbad und Restaurant. Garten und im Winter Transfer zu den Liften.

Restaurant

Hevermeto, Pl. Vasrašdane 4, Bansko, Tel. 07 49/880 80. Lokal im Zentrum mit offenem Kamin, wo frisches Lamm brutzelt. Dazu genießt man Büffelkäse und eine große Auswahl bulgarischer Weine.

40 Sandanski

Geburtsstadt des Spartakus mit heißen Mineralquellen am Fuß des Pirin.

Südwestlich von Bansko, jenseits des Pirin-Gebirges, liegt Sandanski (27 000 Einw.) im breiten Tal der Struma, deren Nebenfluss Bistrica sich an der Stadt vorbeiwindet. Am Bistrica-Ufer führt eine Straße hoch ins Gebirge zu kleinen Feriendörfern, in die sich die Städter gern vor der Sommerhitze zurückziehen.

Gipfeltour auf den Vichren

Idealer Ausgangspunkt für Touren ins Pirin-Gebirge mit seinen Seen, Blumenwiesen und schroffen Gipfeln sowie zu den Berghütten, die im Sommer zu Rast und Übernachtung geöffnet sind, ist Bansko. Von hier gelangt man zu Fuß auf markiertem Weg – oder weniger anstrengend mit der **Gondelbahn** zur Hütte Banderica auf 1600 m. Hier kann man die herrliche Aussicht in die Bergwelt genießen und rasten oder einem der ausgeschilderten **Wanderwege** ins Pirin-Gebirge folgen: In etwa 4 Std. erreicht man über den Gipfel Kutela I die Berghütte unter dem Vichren auf 1950 m. Der Aufstieg zum Gipfel dauert weitere 3 Std.

Berühmtester Sohn der einst *Sveti Vrach* genannten Stadt ist **Spartakus**, der 73/74 v.Chr. den großen Sklavenaufstand gegen Rom anführte. Ihm zu Ehren wurde am Ortseingang das 7 m hohe **Spartakus-Denkmal** errichtet. 1947 wurde die Stadt dann nach dem Freiheitskämpfer Jane Sandanski (1872–1915) benannt, der sich dem Widerstand gegen die Türkenherrschaft verschrieben hatte.

Das Zentrum bildet der weite *Bulgaria-Platz* und die von ihm ausgehende belebte Fußgängerzone. Das **Archeologičeski Musej** (Ul. Macedonia 2, tgl. 9–12 und 15–19 Uhr) zeigt eine kleine, aber feine Sammlung regionaler Grabungsfunden, darunter römische Mosaike.

Im weitläufigen **Stadtpark** am Flussufer gedeihen mehr als 200 einheimische und Pflanzenarten aus aller Welt, zudem sorgen ein See mit Bootsverleih, ein Freibad und Spielplätze für sommerliches Freizeitvergnügen.

Das milde Klima der Region und die saubere, trockene Luft machten Sandanski schon vor langer Zeit zu einem **Luft**kurort speziell für Bronchialasthma. Rheumakranke hingegen schätzen ihn vor allem wegen seiner 42–81 °C heißen Termalquellen. Beliebt ist er auch als Ausgangspunkt für **Bergtouren**. Per Auto oder Bus erreicht man die 18 km entfernte Berghütte *Jane Sandanski* (1230 m). Von hier aus bieten sich vielfältige Spazier- und Wandermöglichkeiten, z.B. durch dichten Wald und die herrliche ›Bärenwiese‹ zur Berghütte *Begoviza* auf 1850 m (2 Std.).

ℹ️ Praktische Hinweise

Information
Tourist Information, Pl. Bulgaria 1, Sandanski, Tel. 07 46/3 23 56

Hotels
***Aneli**, Ul. Goce Delčev 1, Sandanski, Tel. 07 46/318 44, www.hotelaneli.com/. Zimmer und Apartments im Zentrum beim Hauptplatz mit günstigen Preisen, sauber und einfach eingerichtet. Mit Restaurant und kleiner Taverne.

Die Melniker Traube

Berühmt ist der Wein aus der einzigartigen, nur hier heimischen *Melniker Traube*. Sandige Böden, lange Wachstumsperioden und große Temperaturunterschiede zwischen Tag und Nacht in der Reifezeit geben den hiesigen Weinen einen ganz besonderen Charakter. Von den speziellen Böden und klimatischen Bedingungen profitieren auch Traubensorten wie Cabernet, Sauvignon und Merlot. Wer will, verkostet den guten Tropfen im Weinkeller des Kordopulov Küšta Musej oder in anderen Weinstuben im Ort.

Kellerei Sv. Nikola, Verkaufsladen am Rand von Melnik. Die Kellerei arbeitet nach modernsten Gesichtspunkten und hat mehrere Linien des berühmten Weines von Melnik im Angebot.

***Edia**, 2 km vom Zentrum in Richtung Berge, Sandanski, Tel. 0746/32300, www.hoteledia.com. Ruhig gelegenes Hotel mit zehn Zimmern und Pool.

***Sandanski**, auf dem Weg ins Pirin-Gebirge, Sandanski, Tel. 0746/31165, www.interhotelsandanski.com. Kurhotel mit Badelandschaft, warmen Quellen und Therapiezentrum am Stadtrand.

Restaurant

Mehana Adjev Han, Ul. Stefan Stambolov 51, Sandanski, Tel. 0746/31140. Taverne etwas außerhalb an der Ringstraße in einem Hotel mit Terrassengarten. Es gibt frische Forellen aus dem Fluss und bulgarische Spezialitäten wie Lamm vom Holzkohlengrill.

41   Melnik

Museums- und Weinstädtchen inmitten einer bizarren Sandsteinwelt.

Durch eine einzigartige Landschaft von Sandsteinpyramiden an den südlichen Ausläufern des Pirin-Gebirges erreicht man Melnik (245 Einw.), einst ein blühender Handelsplatz. Seinen Niedergang erlebte der Ort 1912 durch die Brandschatzung der Türken, der nur knapp hundert Häuser entgingen. In den 1960er-Jahren wurde die Stadtarchitektur unter Schutz gestellt und heute dienen die schmucken weißen Kaufmannshäuser inmitten einer ockerfarbenen Berg- und Tallandschaft fast ausschließlich dem Tourismus, entweder als Souvenirläden, Hotels, Restaurants oder Museen.

Das **Pašov Kŭšta Musej** (Di–So 9–12 und 13–17 Uhr) von 1815 steht wenige Schritte vom Hauptweg in einer steilen Gasse am nördlichen Hang. In drei kleinen Räumen zeigt es eine Ausstellung zur Stadtgeschichte. Das 1754 errichtete **Kordopulov Kŭšta Musej** (sommers tgl. 9–21 Uhr, winters tgl. 9–19 Uhr) erhebt sich ebenfalls am nördlichen Hang. Es hat schon fast Palastcharakter und gilt als eine der größten Kaufmannsresidenzen des Balkans. Die erlesen ausgestatteten *Wohnräume* zeugen vom ungeheuren Wohlstand des früheren Besitzers, eines griechischen Weinhändlers. Das bunte Glas der Fenster und die üppigen Malereien an den Wänden verbreiten orientalisches Flair. Der *Weinkeller* ist riesig dimensioniert. Tief hinein in den weichen Sandstein sind die Lagerstollen gegra-

Winzig wirken die Häuser von Melnik vor den ringsum aufragenden Felswänden

ben. An ihrem Eingang wird den Besuchern ein Glas Wein gereicht.

Den schönsten Blick auf Melnik hat man von den südlichen Hügeln, die man auf einem schmalen, steilen Pfad von der Ortsmitte aus bei den ehem. türkischen Bädern erklimmt. Oben auf dem Gratweg sind noch die alten Befestigungsanlagen Slavov aus dem 14. Jh. zu sehen.

Ausflug

Per Auto gelangt man von Melnik durch das Tal Richtung Norden zum 6 km **TOP TIPP** entfernten **Manastir Rošen**. Das bedeutende Kloster ist aber auch zu Fuß auf einem markierten Weg in gut 1 Std. zu erreichen. Es liegt an einem Abhang, am Rand einer weiten Ebene. Das Tor gibt den Blick frei auf weiße dreistöckige Gebäude mit Holzvorbauten, die als Galeriegeviert die *Klosterkirche* in der Mitte schützen. Malerisch rankt sich Wein um das dunkle Holz. Die gesamte Anlage ist idyllisch und friedvoll. Rošen geht auf das 13. Jh. zurück, wurde jedoch Ende des 18. Jh. umgebaut. Die herrlichen *Wandmalereien* an den Außenwänden und im Inneren der Kirche stammen teils vom

Große Verehrung bringen Gläubige der Gottesmutter von Rošen entgegen

Ende des 16. Jh., teils aus dem 17. und 18. Jh. Berühmt ist das Kloster auch für seine *Ikonen*, vor allem die der wundertätigen Gottesmutter im Vorraum der Kirche.

ℹ Praktische Hinweise

Hotels

***Rožena**, 6 km von Melnik, kurz vor dem Kloster Rošen links ab, Tel. 074 37/211, www.hotelrojena.com. Gemütlich und doch luxuriös: zehn Zimmer und Apartments, Schwimmbad, Sauna und ein großer Garten mit Kinderspielplatz.

***Sv. Nikola**, Tel. 074 37/286. Junges Hotel in Melnik, hoch über dem Städtchen gelegen, mit geschmackvoll gestalteten Zimmern, Restaurant und Weinkeller.

****Uzunovata Kaŭta**, Melnik, Tel. 074 37/270 oder 02/32 56 63. In einem authentischen Melniker Haus, dessen Zimmer sich um den Innenhof gruppieren, genießt man die urige Atmosphäre. Das Besitzerehepaar ist herzlich. Essen nach Absprache.

Restaurants

Mechana Kŭšta, Melnik, Tel. 074 37/339. Am vielleicht schönsten Fleck von Melnik, am Hauptweg in der Ortsmitte, isst man auf einer Holzterrasse und sieht den Flanierenden

zu. Selbstverständlich wird heimischer Wein ausgeschenkt. Man verkoste den jungen Melnik vom Vorjahr!

Ogi, Melnik, Tel. 074 37/365. Gegenüber der Mechana Kŭšta gelegen, ebenfalls mit Terrasse. Die Küche bietet Regionales der Saison. Das junge Wirtspaar bemüht sich freundlich um seine Gäste.

42 Rilski Manastir/ Rila-Kloster

TOP TIPP *Bedeutendster Wallfahrtsort Bulgariens und ein Schatzkästchen volkstümlicher Malerei.*

Das **Rila-Gebirge** erstreckt sich zwischen Pirin im Süden und Vitoša im Norden. Hier erhebt sich der höchste Gipfel des Landes, der *Musala* mit 2925 m. Die sieben Seen im Herzen des Gebirges zählen zu den landschaftlichen Höhepunkten Bulgariens. Erstes Ziel der zahlreichen Besucher von nah und fern ist jedoch das tief ins Gebirge gebettete **Rila-Kloster** auf 1150 m Höhe in einem Tal, das der

Bach Rila durchfließt. Zu erreichen ist es über die Fernverkehrsstraße zwischen Dupnica und Blagoevgrad, von ihr zweigt eine gute Straße nach Osten ins Tal hinein ab.

Die Ursprünge des Kloster gehen auf das frühe 10. Jh. zurück. Es war eine der ersten Glaubensstätten, die nach der Hinwendung Bulgariens zum Christentum unter Zar Boris I. im Jahr 865 entstand. Begründer war **Ivan Rilski**, ein Einsiedlermönch, der zwölf Jahre lang in Höhlen lebte und ob seiner Frömmigkeit Berühmtheit erlangte. Er zog weitere Mönche an, die schließlich die ersten Klosterbauten errichteten. Im Laufe der Zeit häuften sich große Besitztümer mit Dörfern, Gütern und Ländereien an und machten die Äbte quasi zu Feudalherren. Zahlreiche Gelehrte trugen zum guten Ruf des Klosters als Hort des Glaubens und der Kultur bei. Die Anlage wurde mehrfach zerstört und wieder aufgebaut, die letzte Rekonstruktion fand in der

Lebendig wirkende Fresken bedecken den Arkadengang des Rila-Klosters vollständig

Wiedergeburtszeit in der ersten Hälfte des 19. Jh. statt. Das Kloster war während des 20. Jh. lange nicht bewirtschaftet, seit 1968 aber leben wieder Mönche hier. 1983 nahm es die UNESCO in die Liste des **Weltkulturerbes** auf.

Rila ist nicht nur das älteste, sondern auch das größte Kloster Bulgariens. Vierstöckige Wohn- und Wirtschaftsgebäude mit umlaufenden Galerien umschließen als unregelmäßiges Viereck den etwas mehr als 3000 m² großen **Klosterhof**. Hier ragt der schlicht wirkende **Chreljo-Turm** aus Naturstein 25 m in die Höhe. Als einziges Gebäudeteil stammt er noch aus dem 14. Jh. Ihm wurde 1844 ein zweistöckiger Glockenturm vorgeblendet, der mit floralen Motiven bemalt ist.

In der Hofmitte befindet sich die Hauptkirche **Sv. Bogorodica**. Sie wurde als dreischiffige Basilika mit fünf Kuppeln errichtet, eine Kombination griechischer und italienischer Bauelemente. Die vordere Hälfte der Kirche wird auf drei Seiten von einer einstöckigen *Galerie* umschlossen. Deren verputztes Mauerwerk zeigt außen ein streng geometrisches

Muster von hellen und dunklen Streifen. Innen ist der Laubengang mit volkstümlichen Malereien in leuchtenden Farben verziert. Die Ausschmückung des *Inneren* selbst ist nicht weniger farbenfroh und fantasievoll. An ihr waren nahezu alle namhaften Künstler der Wiedergeburtszeit beteiligt, u.a. *Zachari Zograph* (1810–1835) aus der berühmten Malerschule von Samokov sowie *Dimitür* und *Simeon Višanov*, beide Vertreter der Banskoer Malerschule. Die Ikonostase (ab 1839) ist ein Meisterwerk der Holzschnitzkunst. In fünfjähriger Arbeit schufen mehrere Meister höchst kunstvolle biblische Gestalten, Blumen und alle nur erdenklichen Lebewesen. Im Gotteshaus sind auch die Gebeine des heilig gesprochenen Klostergründers bestattet.

Das **Klostermuseum** (tgl. 8–17 Uhr) zeigt wertvolles Liturgiegerät aus Edelmetall, Münzen, Waffen, Schmuck, Dokumente und eine Auswahl der 16 000 Bände umfassenden Bibliothek. Staunen macht vor allem das berühmte hölzerne *Rafail-Kreuz* mit Hunderten von winzigen Figuren in über hundert Szenen, das der Mönch Rafail in zwölfjähriger Arbeit ab 1790 fertigte. Zur Sammlung gehört auch die geschnitzte Eingangstür der zerstörten alten Klosterkirche aus dem 14. Jh.

Mächtige Kuppeln krönen das Hauptgebäude des Rila-Klosters

ℹ Praktische Hinweise

Hotels

***Carev Vrŭch**, hinter dem Kloster, Tel. 070 54/22 80. Hotel mit unterschiedlich komfortablen Zimmern und freundlichem Personal. Im guten Restaurant werden u.a. Forellen serviert.

****Pchelina**, 3 km vor dem Rila-Kloster, Tel. 08 88/39 30 58, www.pchelina.com. Kleines Hotel mit fünf Zimmern (und Bad), dazu ein Restaurant mit Garten an der Straße zum Rila-Kloster.

Restaurant

Ribarnik, 5 km vor dem Rila-Kloster. Man speist oberhalb eines Forellenteiches. Frischer geht's nicht: Der Gast bestellt den Fisch in der gewünschten Größe, dann taucht der Kescher ins Wasser ...

43 Zemen

Das hiesige Kloster birgt eines der schönsten Beispiele von Kirchenmalerei des 14. Jh.

Freunde mittelalterlicher Malerei sollten auf dem Weg vom Rila-Kloster nach Sofia einen Abstecher ins nördliche Tal der Struma einplanen und von Dupnica über Kjustendil nach Zemen fahren. Der Ort selbst ist nicht spektakulär, sehenswert ist aber das kleine Kloster **Zemen Manastir**, das im Wald 2 km südöstlich des Ortszentrums liegt. Es entstand bereits in der zweiten Hälfte des 11. Jh. Weltweit berühmt ist es wegen seiner Fresken aus dem 14. Jh.

TOP TIPP

Betritt man den **Klosterhof** (Di–So 9–17 Uhr) durch das steinerne Tor, erblickt man einen recht schmucklosen Bau aus verwitterten Steinquadern, der von einem gedrungenen, runden Turm bekrönt wird. Die Kirche besitzt einen nahezu quadratischen Grundriss und eine Höhe von 7 m. Eine niedrige Pforte ist in die Hauptfassade eingelassen, ein Bild im Portalbogen ist ihr einziger Außenschmuck. Im *Inneren* tragen vier massive Pfeiler die Kreuzkuppel und fangen die Lasten des Turms auf. Die Pfeiler schaffen in der Kirche eine fast drangvolle Enge, doch so rücken dem Betrachter die erhaltenen **Freskenfragmente** an Wänden und Pfeilern ganz nahe. Thema der in sanften Farben gehaltenen Malereien sind biblische Ereignisse wie Kreuzigung Christi, Teilung seines Gewandes und

Fresken aus dem 14. Jh. bedecken die Innenwände der Klosterkirche von Zemen

Himmelfahrt. Auch der Fantasie des Malers entsprungene Szenen wie die Herstellung der Nägel für die Kreuzigung sind zu finden. Aufmerksamkeit verdienen ebenso die Fresken der Kirchenstifter *Deyan* und seiner Gemahlin *Doya*, die mit Juwelenschmuck dargestellt ist. Das Stifterpaar trägt im Gegensatz zu den übrigen, eher schablonenhaft Abgebildeten prägnante, individuelle Züge. Der Künstler hat in diesen Fresken die strenge Schematik byzantinisch-mittelalterlicher Malerei mit Volkstümlichkeit aufgelockert. Ebenfalls als Fresko ausgeführt ist das erste Bildnis von *Ivan Rilski*, dem Begründer des Rila-Klosters.

44 Sofia

Prächtige Paläste und breite Boulevards vor der eindrucksvollen Kulisse des Vitoša-Gebirges.

Goldene Kirchenkuppeln und postmoderne Glasarchitektur sowie breite, von Palästen und Museen gesäumte Boulevards bilden die Kulisse für das Leben in der quirligen bulgarischen **Hauptstadt** (1,2 Mio. Einw.). Sie ist zugleich kulturelles und administratives Zentrum des Landes. Einheimische wie Touristen eilen durch die Straßenschluchten, Junge und Alte treffen sich zu einem gemütlichen Plausch im Straßencafé, umbraust vom nimmermüden Verkehr: Geschäftig und doch zugleich südländisch-entspannt wirkt die Atmosphäre der Metropole.

Geschichte   7000 Jahre zurück reicht die Geschichte Sofias. Noch heute stößt man bei Bauarbeiten im Zentrum auf Relikte aus der Jungsteinzeit, der Bronze- und Eisenzeit. Für *Siedler* war das Plateau am Nordrand des Vitoša-Gebirges wegen seines Wasserreichtums attraktiv. Erstmals gründeten Thraker vom Stamm der Serden hier im 7./8. Jh. v.Chr. eine Siedlung mit Namen Serdica. Unter dem römischen Kaiser Trajan (reg. 98–117) wurde *Ulpia Serdica* dann zum Verwaltungszentrum der Region erhoben und erlebte dank regem Handel und starker Bautätigkeit eine erste Blütezeit. Im 5. Jh. stürmten Attila und seine Hunnen die Stadt, danach fiel sie an Byzanz. Als sie zum Ersten Bulgarischen Reich kam, taufte sie Khan Krum *Sredec*. Nach einem erneuten byzantinischen ›Zwischenspiel‹ erhielt die Stadt 1329 ihren heutigen Namen Sofia – nach der erwählten Stadtpatronin. Im Mittelalter stand sie unter osmanischer Herrschaft. Die Türken wussten die zentrale Lage Sofias zu nutzen und bauten die Stadt zum größten Handelsplatz des Balkans aus. Aus dieser Zeit stammt auch die Moschee, die heute das Archäologische Museum beherbergt. Und bereits im 18. Jh. konnte man von Zentraleuropa auf einer gepflasterten Straße nach *Sofia* und weiter nach Kleinasien reisen.

Die Unabhängigkeit Serbiens im 19. Jh. brachte Unsicherheit in die Region. Wie-

Erhabener Ausblick – Platz Narodno Sabranie und Kathedrale Sv. Aleksander Nevski

derholte Plünderungen läuteten den Niedergang Sofias ein und bei der Gründung des Dritten Bulgarischen Reiches war die Bevölkerungszahl auf 12 000 gesunken. Am 4. Januar 1878 zogen sich die Türken aus Sofia zurück, 15 Monate später wurde sie die Hauptstadt des neuen Bulgarien und ein rasanter Aufschwung setzte ein. Heute zählt Sofia zu den am schnellsten wachsenden Metropolen Osteuropas mit reichem Kulturleben, 16 Universitäten, mondänen Shoppingmeilen und einer florierenden Filmindustrie.

Besichtigung Vom Hauptbahnhof im Norden führt der Bul. *Knjaginja Marija* geradewegs auf die Löwenbrücke **Luvov Most** ❶ mit einem Quartett mächtiger Löwenskulpturen zu. Als *Bul. Vitoša* endet die Nord-Süd-Achse schließlich am gigantischen Denkmal **1300 Jahre Bulgarien** ❷ von 1981 und dem dahinter aufragenden gewaltigen **Nationalen Kulturpalast** ❸. Der ebenfalls 1981 fertig gestellte, kurz NDK genannte Komplex ist heute der wichtigste Veranstaltungsort der Stadt. In Ost-West-Richtung verlaufen der *Bul. Aleksandür Stambolijski* und weiter der *Bul. Todor Aleksandrov*, der am

Platz Nesavisimost in den Bul. Car Osvoboditel übergeht. Um diesen Platz und am Bul. Car Osvoboditel stehen Ministerien und Paläste, Museen und die bedeutendsten Kirchen. Der Boulevard endet an der Adlerbrücke **Orlov Most** ❹.

Den Kreuzungspunkt dieser Straßen und das Zentrum der Metropole bildet der **Ploštad Sv. Nedelja** ❺. Die mächtige Kirche **Sv. Nedelja** ❻ war 1925 Schauplatz eines Attentats, bei dem 150 Menschen starben und die Kuppel der Kirche einstürzte. Der heutige Bau geht auf das 19./20. Jh. zurück. Im Inneren sind einige Ikonen des 19. Jh. zu besichtigen.

Im Hof des Sheraton Hotels am selben Platz steht das älteste intakte Gebäude Sofias, die Rotunde **Sv. Georgi** ❼ (tgl. 8–18 Uhr) inmitten altrömischer Fundamente. Sie entstand im 4. Jh. als Mausoleum auf den Ruinen eines römischen Bades und wurde im 6. Jh. zur Kirche umgebaut. Bemerkenswert ist die Ausmalung der Kuppel, auf älteren Farbschichten zeigen dort Fresken aus dem 14. Jh. einen *Christus Pantokrator*.

Vom Sheraton Hotel gelangt man durch eine Unterführung Richtung Norden zur Kirche **Sv. Petka Samardšiska** ❽

Filigranes Gusseisen ziert die Markthallen von Sofia

aus dem 14. Jh. Das kleine, von außen unscheinbare Gotteshaus ist im Inneren reich mit Fresken des 16./17. und 19. Jh. geschmückt.

Den breiten Mittelstreifen des Boulevards über der Unterführung dominiert der **Engel von Sofia** 9, ein anlässlich der Millenniumsfeiern aufgestelltes Denkmal der Stadtpatronin. Unmittelbar nördlich steht rechterhand die 1576 entstandene **Džamija Banja Baši** 10 mit schlankem Minarett und Bleikuppeln. Die Moschee ist eine der wenigen erhaltenen Bauten aus osmanischer Zeit und dient noch heute als islamisches Gotteshaus. Ihr gegenüber locken die restaurierten **Markthallen** 11, eine Glas- und Eisenkonstruktion von 1911, mit vielen Lebensmittelständen auf zwei Etagen zu einer kulinarischen Entdeckungstour. Hinter der Moschee erstrahlt das mit bunten Keramikplatten verzierte **Sofijskata Mineralna Banja** 12 in neuem Glanz. Das Mineral- oder auch Türkische Bad wurde 1905 anstelle eines kleineren Hammam gebaut.

Die Rück- und Ostseite des Gebäudekomplexes, der auch das Sheraton beherbergt, bildet der **Präsidentenpalast** 13. Beliebtes Fotomotiv sind die Garden in ihren schmucken Uniformen bei der stündlichen Wachablösung. Gegenüber zeigt das in einer ehem. Moschee eingerichtete **Archeologičeski Musej** 14 (Ul. Sŭborna 2, Tel. 02/88 24 06, www.naim.bg, Di–So 10–12 und 14–18 Uhr) seit 1899 eine ungeheure Fülle von Exponaten aus der Frühzeit über Thraker und Römer bis ins Mittelalter. In mehreren Sälen und Etagen werden Münzen, Schmuck, Grabsteine und Statuen präsentiert, auch die erhaltenen Fußbodenmosaike aus der Kirche Sv. Sofia [s.S. 121] sind hier zu sehen.

Weiter westlich liegt am lang gestreckten *Pl. Aleksander Batenberg* der Stadtgarten mit dem **Nationaltheater Ivan Vasov** 15. Das prächtige neoklassizistische Gebäude ist eines der Wahrzeichen der Stadt. Nördlich des Parks erhebt sich das Battenberg-Palais. Heute beherbergt die frühere Zarenresidenz das **Etnografski Musej** 16 und die **Nationale Kunstgalerie** 17. Im Ethnografischen Museum (Pl. A. Batenberg 1, Di–So 10–17.30 Uhr) sind Kostüme, Trachten, Möbel und Kunsthandwerk ausgestellt. Die Galerie (Di–So 10–17.30 Uhr) zeigt bulgarische Kunst vom 19. Jh. bis in die Gegenwart.

Zu Recht ist Sofia stolz auf sein neoklassizistisches Nationaltheater Ivan Vasov von 1928

Wenige Schritte weiter am Beginn des Bul. Car Osvoboditel gibt das Naturwissenschaftliche Museum, **Prirodonaučen Musej** ⑱ (Nr. 1, tgl. 10–17 Uhr), mit vier Sammlungen (Säugetiere, Amphibien, Reptilien und Vögel) einen fast kompletten Überblick über die Fauna des Balkans. Es ist die größte Sammlung Südosteuropas, allein die Vogelabteilung zeigt ein Sechstel aller der auf der Erde vorkommenden Arten.

Mit ihren goldenen Kuppeln zieht die russische Kirche **Sv. Nikola** ⑲ in einem kleinen Park gleich nebenan die Blicke auf sich. Sie entstand 1914 im Stil russischer Kirchenbauten des 16./17. Jh. Die

Das Ikonenmuseum fand in der Krypta der Katedrala Sv. Aleksander Nevski in Sofia Platz

dort bewahrte Ikone des *hl. Nikolaus* soll Wunder bewirken. Folgt man dem Boulevard weiter, erreicht man den *Pl. Narodno Sabranie* mit dem Denkmal des russischen Zaren Alexander II. und biegt dort zu den zwei wichtigsten Kirchen der Stadt nach Norden ab.

Die monumentale Katedrala **Sv. Aleksander Nevski** ⑳ am gleichnamigen Platz ist das Wahrzeichen Sofias. Unverkennbar ließ sich hier der russische Architekt *Pomeranzov* von der Hagia Sophia in Istanbul inspirieren. Die über 50 m hohe vergoldete Vierungskuppel, um die sich kleinere Kuppeln gruppieren, und ein 53 m hoher Glockenturm charakterisieren das Äußere der fünfschiffigen, auf kreuzförmigem Grundriss errichteten Kathedrale. Sie entstand als Dank des bulgarischen an das russische Volk für dessen Mitwirkung an der Befreiung von der Türkenherrschaft. Obgleich der Grundstein schon 1878 gelegt worden war, konnte mit dem Bau erst 1904 begonnen werden. Nach der Fertigstellung 1912 dauerte es noch einmal 12 Jahre, bis die Kirche geweiht wurde. 7000 Menschen finden in ihr Platz. Nur die besten und teuersten Materialien kamen beim Bau zum Einsatz und 50 Meister der Ikonenkunst malten den Kirchenraum aus. Ein Ableger der Nationalen Kunstgalerie ist das hochkarätige **Ikonenmuseum** (Mi–Mo 10.30–18.30 Uhr) in der Krypta der Kathedrale links neben dem Haupteingang.

Unter den zahlreichen Exponaten sind besonders das Fragment einer Heiligenikone (4. Jh.) aus der Region um Šumen beachtenswert und eine aus Nesebăr stammende Ikone (12./13. Jh.) mit Szenen aus dem Leben Sv. Nikolas zu erwähnen.

Leicht zu übersehen ist die im Vergleich zur Kathedrale winzig wirkende, jedoch viel ältere Kirche **Sv. Sofia** 21 gleich nebenan. Der heutige schlichte

Backsteinbau geht auf das 6. Jh. zurück, errichtet wurde er auf den Fundamenten zweier frühchristlicher Gotteshäuser. Das erste entstand 361–363 und war einschiffig, im 5. Jh. erbaute man dann eine dreischiffige Kirche. Die freigelegten Mosaikfußböden der Vorgängerkirchen wanderten ins Nationalhistorische Museum (s.u.). Noch heute finden hier Ausgrabungen statt.

Ausflüge

Im Süden Sofias, etwa 9 km vom Zentrum entfernt, hält der Vorort **Bojana** noch zwei lohnende Besichtigungsziele bereit. So beherbergt die ehem. Todor Živkov-Residenz aus den 1970er-Jahren, in deren Hauptsaal Živkov 1989 seinen Rücktritt erklärt hatte, seit 2000 das Natio- nalhistorische Museum **Nationa- len Istoričeski Musej** (Ul. Vitosha Lala 16, Tel. 02/955 42 80, www.historymu seum.org, April–Nov. tgl. 9.30–18, Dez.– März Di–So 9.30–18 Uhr). Wichtigste Stü- cke der großartigen Sammlung sind die thrakischen Funde, darunter der be- rühmte *Goldschatz von Panagurište* aus dem 4./3. Jh.v.Chr. Er besteht aus neun reliefverzierten Goldgefäßen. Ein wei- teres bedeutendes Exponat ist das ein- zige bekannte Buch aus etruskischer Zeit (4. Jh. v.Chr.), bestehend aus sechs mit- einander verbundenen Goldblättern.

Die wohl berühmteste Kirche des Lan- des ist die zum *UNESCO Weltkulturerbe* zählende Kirche von Bojana. Die **Bojanskata Cerkva** (Di–So 9–17 Uhr) versteckt sich oben an den bewal- deten Hängen des Vitoša-Gebirges. Unter schattigen Bäumen gelangt man zu einem äußerlich eher unscheinbaren Na- turstein- und Ziegelbau. Ziel der Besich- tigung sind die wunderbaren Wandma- lereien aus dem 11. und 13. Jh. im Inneren der Kirche. Der Zugang ist streng limitiert, um die kostbaren Fresken vor dem Verfall zu schützen. Vom Vorraum aus gelangt man zunächst in den im 13. Jh. entstan-

Schätze der Vergangenheit bewahrt das Na- tionalhistorische Museum im Vorort Bojana

denen Narthex. Die Stifter dieses Kir- chenteils – *Kalojan* und seine Gemahlin *Desislava* – sind hier von einem unbe- kannten Meister verewigt worden. Mimik und Gestik, Kleidung und Schmuck der Abgebildeten waren für die Entste- hungszeit 1259 in ihrer Bewegtheit et- was unerhört Neues. Auch die anderen Szenen, z. B. die Darstellung des ›Lebens von Sv. Nikola‹ in 18 Bildern, ›Der Seeleute Kampf in den Fluten‹ und das ›Wunder mit dem Teppich‹ sind äußerst realistisch komponiert und spiegeln die Gefühle der Figuren wider. Ein Durchgang führt zum (nicht immer zugänglichen) ältesten Teil der Kirche. Schönstes Fresko ist hier der *Christus Pantokrator*, Christus also im Typus des Weltenherrschers darge- stellt, in der Kuppel.

ℹ️ Praktische Hinweise

Information

National Tourist Information Center, Pl. Sveta Nedelya 1, Sofia, Tel. 02/933 58 45, www.sofia.bg, www.bulgariatravel.org

Flughafen

Sofia Airport (SOF), Tel. 02/937 22 11, www.sofia-airport.bg. Der Flughafen liegt im östlichen Vorort Christo Botev 12 km vom Zentrum. Die Buslinie 84 ver- bindet den Airport mit der Universität. Ansonsten bieten sich Sammeltaxis oder die offiziellen gelben Taxis an.

Verkehrsmittel

Wer **öffentliche Verkehrsmittel** benutzt, sollte sich die günstige Tageskarte be- sorgen. **Taxis** müssen mit Taxametern ausgestattet sein, Grundgebühr und Kilometerpreis sind sichtbar am Fenster angebracht. **Bewachte Parkplätze** gibt es vor dem Kaufhaus Tzum und vor dem Sheraton am Pl. Sv. Nedelja.

Einkaufen

Vor der Aleksander Nevski-Kathedrale verkaufen die Sofioter Händler u.a. Bücher und Ikonen. In den Markhallen gegenüber der Banja-Baši-Moschee findet man ein vielfältiges Angebot an Lebensmitteln und Spezereien.

Nachtleben

Bibliotekata, Bul. Levski 88, Sofia, Tel. 02/943 39 78. Im Untergeschoss der Nationalbibliothek wird Sushi gegessen und nachts getanzt.

Double Vision, Ul. Fritjof Nansen 1, Sofia, Tel. 02/963 56 61. Zwei Tanzflächen mit unterschiedlichem Musikmix.

Swinging Hall, Bul. Dragan Cankov 8, Sofia, Tel. 02/963 06 96, www.swinging hall.com. In zwei Bereichen spielen Live-Bands Jazz, Rock, Pop und Funk. Vorwiegend junges Publikum.

Hotels

TOP TIPP *****Balkan Sheraton**, Pl. Sveta Nedelja 5, Sofia, Tel. 02/981 65 41, www.luxurycollection.com/sofia. Das älteste Luxushotel Sofias mitten im Zentrum mit eleganten Zimmern ist um die Kirche S. Georgi errichtet. Exzellente bulgarische und internationale Küche. Mit Nachtclub, Terrassenbar und allen Annehmlichkeiten dieser Hotelklasse.

****Maria Luisa**, Bul. Maria Luisa 29, Sofia, Tel. 02/980 55 77, www.marialuisa.bol.bg. Hotel in einem Gebäude aus dem 19. Jh. gegenüber der Banja Baši-Moschee. Klein und fein mit nur 20 Zimmern, Restaurant, Bar und Parkplatz.

***Jagoda**, Ul. Jagoda 4, Simeonovo, Tel. 02/961 20 12, www.hoteljagoda88. com. Angenehmes Hotel im Vorort Simeonovo, unweit der Seilbahn ins Vitoša-Gebirge, des Nationalhistorischen Museums und der Kirche von Bojana. Hier wohnt man ruhig in modernen Zimmern. Das gute Restaurant bietet eine große Speiseauswahl.

***Lion**, Bul. Maria Luisa 60, Sofia, Tel. 02/97 33 42 26, http://hotel-lion-sofia. h-rez.com. Zentral gelegenes Geschäfts- und Touristenhotel mit geräumigen Zimmern und ruhiger Atmosphäre.

Restaurants

Art Club, Ul. Süborna 2, Sofia, Tel. 02/980 66 64. Hinter dem Archäologischen Museum stärkt man sich, von hohen Bäumen beschattet und mit Blick auf das Präsidentenpalais, mit leckeren Snacks.

Bitburger Bierkeller, Ul. Stefan Karadja, Sofia, Tel. 02/981 96 65, www.bitburger club.com. Hier gibt es von Kalbshaxe bis zum Eisbein und Weißbier alles, um das Heimweh zu vergessen, dazu viel Fußball vom Fernseher.

Ifata, Ul. Raiko Aleksiev 40, Itzok, Tel. 02/971 30 78. Abseits des Touristenrummels. Im Neubauviertel Iztok gelegenes gemütliches Restaurant mit rustikalem Keller und Terrasse. Es gibt

Nettes und Nippes findet man auf dem Flohmarkt bei der Nevski-Kathedrale

authentische bulgarische Küche wie z. B. Musaka zu günstigen Preisen.

Kiparisite, Ul. Kjustendil 20, Iztok, Tel. 02/958 65 05. Modern gestaltetes, elegantes Restaurant im Iztok-Viertel mit ausgezeichneter bulgarischer Küche.

Café

The French Café, Bul. Macedonia 48, Sofia, Tel. 02/951 50 85. Das angenehme Café lädt zu Frühstück und Nachmittagskaffee ein. Die Sandwiches schmecken hier besonders gut.

45 Vitoša-Gebirge

Liebstes Naherholungsziel der Sofioter.

Im Süden ragt als herrliches Panorama vor Sofia das Vitoša-Gebirge empor. Höchster Gipfel mit 2290 m ist der **Černi Vrúch**, der Schwarze Berg. Mit der *Gondelbahn* (sommers Fr–So 8.30–18 Uhr, winters Di–So 8.30 bis Sonnenuntergang) geht es in 32 Min. vom Sofioter Vorort *Simeonovo* östlich von Bojana hoch auf 1200 m. Der anschließende Sessellift führt auf 2191 m zum **Malak Rezen**, von dem aus die Wanderung zum Gipfel des Černi Vrúch noch etwa 30 Min. dauert. Ein weiterer Sessellift führt von der Bergstation der Gondelbahn z. B. auf den **Goljam Rezen** (2277 m), von dem man ebenfalls eine herrliche Weitsicht hat. Von allen Bergstationen kann man auf markierten Wegen kürzere und längere Wanderungen durch das Vitoša-Gebirge unternehmen.

Bulgarische Schwarzmeerküste aktuell A bis Z

Vor Reiseantritt

ADAC Info-Service:
Tel. 018 05/10 11 12 (0,14 €/Min.)

ADAC im Internet:
www.adac.de
www.adac.de/reisefuehrer

Umfassendes **Informations- und Kartenmaterial** können ADAC Mitglieder kostenlos bei den ADAC Geschäftsstellen oder unter Tel. 018 05/10 11 12 (0,14 €/Min.) anfordern.

Bulgarien im Internet:
www.bulgariatravel.org (offizielle Seite)
www.bulgarien-reise.de (private Seite)

Bulgarisches Tourismusbüro, Eckenheimer Landstr. 101, 60318 Frankfurt/Main, Tel. 069/29 52 84,

Infos und Tipps erhält man auch in Reiseagenturen oder bei:

Balkan Holidays, Schaffhauser Str. 5, 8006 Zürich, Tel. 044/362 80 70, www.balkan-holidays.ch

Bei speziellen Fragen zu Einreise- bzw. Zollformalitäten wende man sich an:

Botschaft der Republik Bulgarien, Mauerstraße 11, 10117 Berlin, Tel. 030/201 09 22, www.mfa.bg/de/24/

Schwindgasse 8, 1040 Wien, Tel. 01/505 64 44, www.mfa.bg/de/10/

Bernastr. 2–4, 3005 Bern 6, Tel. (0)3 13 51 14 55, www.bulembassy.ch

Allgemeine Informationen

Reisedokumente

Zur Einreise ist ein Reisepass oder Personalausweis erforderlich, der noch mindestens für die Dauer des geplanten Aufenthaltes gelten muss. Damit darf man sich bis zu 90 Tage lang innerhalb von sechs Monaten in Bulgarien aufhalten. Kinder unter 16 Jahren müssen einen Kinderausweis mit Lichtbild oder einen Kinderreisepass mit sich führen.

Kfz-Papiere

Sie benötigen den Führerschein, den Fahrzeugschein bzw. die Zulassungsbescheinigung Teil I und die Internationale Grüne Versicherungskarte.

Krankenversicherung und Impfungen

Die Europäische Krankenversicherungskarte, welche in die übliche Versicherungskarte integriert ist, wird in ganz EU-Europa anerkannt und garantiert die medizinische Versorgung. Der Abschluss einer **privaten Reisekranken- und Rückholversicherung** ist dennoch empfehlenswert, da.medizinische Leistungen im Ausland oft deutlich teurer sind als in Deutschland und die gesetzlichen Krankenkassen die Kosten nur nach den deutschen Sätzen erstatten. Von gesetzlichen Krankenkassen ebenfalls nicht gedeckt ist z.B. bei einem Unfall der Rücktransport nach Deutschland.

Empfehlenswert ist die Überprüfung des allgemeinen Impfschutzes: Diphtherie, Tetanus, Polio. Vereinzelt besteht in Flussniederungen ein geringes Risiko für die durch Zecken übertragene FSME. U.a. können in der Region folgende, durch Impfung vermeidbare Krankheiten auftreten: Hepatitis A, Hepatitis B, Typhus, Tollwut.

Hund und Katze

Im **EU-Heimtierausweis** müssen die Kennzeichnung des Tieres (durch Mikrochip oder Tätowierung) und eine gültige Tollwutimpfung (Erstimpfung mindestens 21 Tage vor Grenzübertritt) eingetragen sein. Bei der Einreise mit Hund oder Katze aus **Nicht-EU-Ländern** müssen Tollwut-Antikörper nachgewiesen werden. Dies ist frühestens 30 Tage nach der Impfung anhand einer Blutprobe möglich und vom Tierarzt im EU-Heimtierausweis bestätigen zu lassen.

Zollbestimmungen

Innerhalb der **EU** dürfen Waren zum eigenen Verbrauch unbegrenzt mitgeführt werden. Als Privatbedarf gelten folgende Richtmengen: 800 Zigaretten, 400 Zigarillos, 200 Zigarren, 1 kg Tabak, 10 l Spirituosen, 20 l Zwischenerzeugnisse, 90 l Wein (davon max. 60 l Schaumwein) und 110 l Bier.

Zollfrei bei Reisen von und durch **Drittländer** (Schweiz): 200 Zigaretten, 1 l Spirituosen über 22 % oder 2 l unter 22 % alc., 50 ml Parfüm, 250 ml Eau de Toilette, 500 g Kaffee und 100 g Tee. Der Warenwert darf pro Person insgesamt 300 Euro (für Flug- und Seereisende 430 Euro) nicht überschreiten.

Geld

Währung ist der Bulgarische Lev (BGN/Lv), Mehrzahl Leva. Er ist in 100 Stotinki (St) unterteilt. In Umlauf sind Münzen zu 1, 2, 5, 20 und 50 St und 1 Lv, Scheine sind zu 1, 2, 5, 10, 20 und 50 Lv gestückelt. Der Lev ist mit festem Wechselkurs an den Euro gebunden (1 Lv = 0,51 €, 1,96 Lv = 1 €). Die Ein- und Ausfuhr von Landes- und Fremdwährung ist unbegrenzt gestattet, bei Beträgen von über 10 000 Lv oder deren Gegenwert ist eine Deklaration erforderlich.

Keinesfalls sollte man ausländische Währungen in Wechselstuben oder gar bei Straßenhändlern wechseln. Die Gebühren in den Wechselstuben können exorbitant hoch sein, Straßenhändler tricksen in den allermeisten Fällen. Man suche also zum Geldwechsel eine Bank auf. An EC-/Maestro-Geldautomaten kann man rund um die Uhr Geld abheben.

In internationalen Hotels werden Preise z.T. in US-Dollar und Euro angegeben, die Zahlung erfolgt aber ausschließlich in bulgarischen Leva. In den größeren Hotels kann man in aller Regel mit Kreditkarte zahlen.

Tourismusämter im Land

Bulgarian State Agency For Tourism, Pl. Sveta Nedelia 1, 1040 Sofia, Tel. 02/933 58 45 , www.bulgariatravel.org

Nur wenige Touristenorte besitzen derzeit Informationsbüros. Sind Büros vorhanden, so sind sie des Öfteren zu den angegebenen Öffnungszeiten nicht besetzt. An Hotelrezeptionen und in Reisebüros kann man vereinzelt Infobroschüren kaufen, meist erhält man aber nur Informationen über angebotene Ausflüge.

Notrufnummern

Polizei: Tel. 166

Unfallrettung: Tel. 150

Pannenhilfe: *Bulgarischer Automobilclub* (UAB), Tel. 02/911 46, Mobil-Tel. 146, www.uab.org. Die Hilfeleistung ist kostenpflichtig.

ADAC-Notrufzentrale München: Tel. 00 49/89/22 22 22 (rund um die Uhr)

ADAC-Ambulanzdienst München: Tel. 00 49/89/76 76 76 (rund um die Uhr)

Österreichischer Automobil Motorrad und Touring Club

ÖAMTC Schutzbrief-Nothilfe: Tel. 00 43/(0)1/251 20 00, www.oeamtc.at

Touring Club Schweiz

TCS Zentrale Hilfsstelle: Tel. 00 41/(0)2 24 17 22 20, www.tcs.ch

Diplomatische Vertretungen

Botschaft der Bundesrepublik Deutschland, Ulica Joliot Curie 25, 1113 Sofia, Tel. 02/91 83 80, www.sofia.diplo.de

Botschaft der Republik Österreich, Ulica Šipka 4, 1000 Sofia, Tel. 02/932 90 32, www.aussenministerium.at/austria

Botschaft der Schweiz, Ulica Šipka 33, 1504 Sofia, Tel. 02/942 01 00, www.eda.admin.ch/sofia

Besondere Verkehrsbestimmungen

Tempolimits (in km/h): Für alle Kfz innerorts 50, für Pkw und Wohnmobile bis 3,5 t außerorts 90, auf Autobahnen 130, Wohnmobile und Gespanne über 3,5 t außerorts 70, auf Autobahnen 100. Motorräder außerorts 80, auf Autobahnen 100.

Die **Promillegrenze** liegt bei 0,5.

Es besteht **Gurtpflicht** für alle Insassen. Zwischen 1. November und 1. März muss tagsüber das **Abblendlicht** eingeschaltet sein. Fahrer und Insassen von Kraftfahrzeugen, die ihren Wagen auf Landstraßen oder Autobahnen verlassen, müssen eine **Warnweste** tragen. Dies gilt auch für Motorradfahrer, die sich auf der Fahrbahn aufhalten. Jeder **Unfall** ist sofort der Polizei zu melden. Im ganzen Land finden Geschwindigkeitskontrollen statt, insbesondere an den Raststellen der Überlandstraßen und an den Ausfallstraßen der Städte.

An Wochenenden sollte man die Hauptverkehrsverbindungen zwischen Sofia über Veliko Tărnovo nach Varna und über

Plovdiv nach Burgas meiden, da die Straßen dann überlastet und halsbrecherische Überholmanöver an der Tagesordnung sind, die immer wieder zu schweren Verkehrsunfällen.

Gesundheit

Krankenhäuser und Polikliniken gibt es in allen größeren Orten. Das Hospital in Varna verfügt auch über eine Dekompressionskammer für Tauchunfälle.

Zeit

Der Zeitunterschied gegenüber Deutschland beträgt das ganze Jahr über plus eine Stunde.

Anreise

Auto

Ein Hinweis vorweg: Die Anreise mit dem eigenen Auto ist derzeit wenig empfehlenswert. Das *Auswärtige Amt* (www.auswaertiges-amt.de) weist darauf hin, dass Individualtouristen, die mit dem eigenen Pkw nach Bulgarien fahren, ein gewisses Risiko eingehen. Kfz-Diebstähle sind zahlreich und insbesondere neuwertige Pkws aus westeuropäischer Produktion mit ausländischen Kennzeichen sind bevorzugte Beute.

Wegen der oft schlechten Straßenverhältnisse wird generell von Nachtfahrten abgeraten.

Die Ein- und Ausfuhr von **Kraftstoff** in Reservekanistern ist verboten.

Die Mindestdeckungssummen liegen in Bulgarien deutlich unter den deutschen Standards. Erkundigen Sie sich daher rechtzeitig vor Reiseantritt bei Ihrem Autoversicherer nach ausreichendem Versicherungsschutz.

Auf Autobahnen und Nationalstraßen gilt Vignettenpflicht. Erhältlich sind die Vignetten (7 Tage 5 €, Monat 13 €, Jahr 34 €) an den Grenzübergängen.

Zusätzlich zu den Kosten für die Vignette können bei der Einreise Desinfektions- und Bankgebühren anfallen. Die Fahrt ab Mitteleuropa nach Bulgarien passiert *Kroatien/Serbien* über die Route Salzburg, Villach, Ljubljana, Zagreb, Belgrad und Niš nach Sofia oder *Ungarn/Rumänien* über Salzburg, Wien, Budapest und Bukarest nach Ruse. Der Zielort Varna ist von München über Belgrad 1786 km entfernt, über Bukarest 1767 km, die reine Fahrzeit beträgt auf beiden Strecken zwischen 20 und 22 Std.

In Bulgarien führen alle **Tankstellen** an den Überlandstraßen bleifreies Benzin. Da es vorkommt, dass Treibstoff mit Wasser gestreckt wird, sollte man stets bei Tankstellen internationaler Ketten tanken.

Die internationalen **ADAC-Notrufstationen** in den Transitländern sind:

Kroatien, Tel. 01/344 06 66 (bei Anrufen aus Zagreb ohne die Vorwahl)

Serbien/Montenegro, Tel. 011/333 11 11

Ungarn, Tel. 061/345 17 17

Rumänien, Tel. 021/223 45 25

Bahn

Es gibt keine durchgehenden Züge nach Bulgarien, die Verbindungen laufen über Budapest oder Belgrad, in beiden Fällen muss man mehrmalig umsteigen. Die Fahrt ab München über Salzburg, Wien, Budapest und Ruse nach Varna ist mit knapp 34 Std. die schnellste. Ab München über Wien, Belgrad und Sofia nach Varna dauert die Fahrt etwa 38 Std.

Andere Länder, andere Sitten

Verwirrend für Fremde ist zunächst die **Gestik** bei Zustimmung oder Verneinung. Stimmt der Bulgare zu, wendet er den Kopf einige Male nach rechts und links (eine Art langsames Kopfschütteln) oder neigt ihn mehrmals zu beiden Seiten. Ablehnung oder Verneinung wird mit einem schräg nach unten gerichteten Nicken vermittelt.

Will man **Zahlen** mit der Hand anzeigen, so lässt man den Daumen zunächst außen vor; die Zwei wird also mit dem Zeige- und dem Mittelfinger angezeigt. Erst bei der Zahl Fünf wird der Daumen hinzugenommen.

In mehrstöckigen **Häusern** wird das Parterre stets als Etage I, unser erster Stock als Etage II bezeichnet. Aufzüge sind entsprechend beschriftet (in der Abfolge ›C, I, II, III‹ ... steht das ›C‹ für Souterrain/Keller, ›I‹ für das Parterre).

Bulgarien ist ein streng religiöses Land. Bei Besuchen von Kirchen und Klöstern sollte man **angemessene Kleidung** wählen, auch wenn die bulgarische Jugend sich eher freizügig gibt.

Deutschland
Deutsche Bahn, Tel. 018 05/99 66 33 (0,14 €/Min.), Tel. 08 00/150 70 90 (sprachgesteuert, kostenlos), www.bahn.de

Österreich
Österreichische Bundesbahn, Tel. 05 17 17, www.oebb.at

Schweiz
Schweizerische Bundesbahnen, Tel. 09 00 30 03 00, www.sbb.ch

Bus

Von mehreren deutschen Städten fahren Reisebusse nach Bulgarien (Varna, Burgas, Sofia u.a.). Die Fahrt von München nach Varna dauert z.B. 32 Std. Von Dortmund oder Berlin sind es bis nach Varna stolze 44,5 Std.

Berlin Linien Bus, Mannheimer Str. 33/34, 10713 Berlin, Tel. 030/86 09 62 11, www.berlinlinienbus.de

Deutsche Touring GmbH, Am Römerhof 17, 60486 Frankfurt/Main, Tel. 069/79 03 50, www.touring.de

Flugzeug

Die meisten Besucher Bulgariens reisen per Charterflug an. Fast alle deutschen Flughäfen bieten im Sommer Charterflüge zu den internationalen Flughäfen von Varna und Burgas. Auch die bulgarische Chartergesellschaft **Air Via** (www.air-via.com) bietet günstige Preise. Ab Frankfurt, Wien und Zürich wird durch Liniengesellschaften nur Sofia angeflogen. Die Flüge dauern etwa 2,5 Std.

Internationaler Flughafen Burgas (BOJ), 10 km nordöstlich von Burgas, Tel. 056/84 26 31, www.bourgas-airport.com.

Internationaler Flughafen Sofia (SOF), 10 km östlich von Sofia, Tel. 035 92/937 22 11, www.sofia-airport.bg

Internationaler Flughafen Varna (VAR), 8 km westlich der Stadt, Tel. 052/57 33 23, www.varna-airport.bg

◼ Bank, Post, Telefon

Bank

Banken sind im Allgemeinen Mo–Fr 9–12 und 15–17 Uhr geöffnet, auch in kleineren Orten existieren inzwischen Bankautomaten, an denen man mit der EC-/Maestro- bzw. Kreditkarte die Landeswährung abheben kann.

Post

Die Postämter haben in der Regel Mo–Sa 8.30–17.30 Uhr (teils mit Mittagspause), die Hauptpostämter häufig Mo–Sa 8.30–20 Uhr geöffnet.

Telefon

Internationale Vorwahlen:
Bulgarien 003 59
Deutschland 00 49
Österreich 00 43
Schweiz 00 41

Die Benutzung handelsüblicher **Mobiltelefone** ist fast überall in Bulgarien möglich. Man sollte sich jedoch vor Reiseantritt über das günstigste Netz vor Ort informieren und das eigene Mobiltelefon entsprechend programmieren. Wenn man öfter aus Deutschland angerufen wird, empfiehlt sich das Telefonieren über eine *Prepaid-Karte*, die man in den einschlägigen Geschäften erwerben kann, allerdings wird dabei eine einmalige Grundgebühr erhoben.

In den Städten kann man aus den **Telefonzellen** der privaten Telekom-Gesellschaften mit *Telefonkarten* nach Deutschland anrufen. Die Karten sind an vielen Zeitungskiosken erhältlich. Internationale Gespräche sind auch aus Hotels und einigen öffentlichen Fernsprechern in Flughäfen, Hauptbahnhöfen und Krankenhäusern möglich. Dort erhält man ebenfalls Telefonkarten. Auch in Postämtern gibt es Kommunikationseinrichtungen. Telefongespräche von Hotels aus sind meist deutlich teurer.

◼ Einkaufen

Die Öffnungszeiten der Geschäfte sind nicht festgelegt. Die Kernarbeitszeit ist Mo–Fr 9/10–18/19, Sa 9/10–13 Uhr. In den Städten, aber auch auf dem Land findet man in der Regel mehrere Läden, die spät abends und an Wochenenden offen sind. In den Touristenzentren haben fast alle Läden zusätzlich an den Wochenenden bis in die Nacht geöffnet. Lebensmittel bieten auch die Tankstellen mit 24-Std.-Dienst an den Hauptverkehrswegen an.

In den touristischen Regionen findet man in großen Geschäften für den täglichen Bedarf auch ein mitteleuropäisches Sortiment, das jedoch deutlich teurer ist als die im Land hergestellten Produkte.

Ein Stückchen Russland in Bulgarien – das schmucke Kirchlein Sv. Nikola in Sofia

Tagestouren à la carte

Die meisten Pauschalreiseveranstalter bieten in Kooperation mit bulgarischen Unternehmen Ausflüge und Rundreisen von den Ferienorten an der Küste zu kunsthistorisch oder landschaftlich herausragenden Zielen im Landesinneren an. Beliebte und abwechslungsreiche Tagestouren führen z.B. zu den **Balkandörfern**, d.h. in ländliche Regionen, in denen man die traditionelle bäuerliche Lebensweise kennen lernt, ein paar Souvenirs einkaufen kann und mit einem deftigen Essen (meist vom Grill) bewirtet wird. Eine andere interessante Tour ist die **Bootsfahrt** auf dem **Ropotamo** und um die vor dem Fluss im Meer liegende Schlangeninsel, ebenfalls mit abschließendem Grill-Picknick. Vor allem bei jungen Leuten beliebt sind die *Geländewagen-* und *Monster Truck-Touren* auf Bergstraßen und teils auch querfeldein durch die Ausläufer des **Balkan-Gebirges**, bei denen der Off-Road-Spaß im Vordergrund steht.

Ein empfehlenswerter Zweitagesausflug führt zur bulgarischen Hauptstadt **Sofia**, zum **Rila-Kloster** und durchs Rosental. Ebenfalls zwei Tage dauert ein Abstecher mit dem Bus oder per Schiff über die Grenze in die türkische Hauptstadt **Istanbul**, mit kurzer Besichtigung der Hauptsehenswürdigkeiten und ausreichend Zeit für Shopping.

Alle diese Ausflüge können sowohl vorab beim Pauschalreiseveranstalter als auch bei den lokalen Reiseagenturen vor Ort gebucht werden.

Viele EU-Firmen, speziell der Bekleidungsindustrie, lassen in Bulgarien produzieren, wo der Mindestlohn wesentlich unter dem Niveau der EU liegt. Deshalb sind hier z.B. Markenkleidung und -schuhe preiswert zu erwerben.

Souvenirs

Typische Souvenirs in Bulgarien sind Töpferwaren, Schmiedearbeiten, Stickereien, Lederwaren und Holzschnitzereien. Das in der Region Sredna Gora hergestellte qualitativ hochwertige Rosenöl [s.S. 100] ist vor Ort günstiger als in den Tourismuszentren der Küste erhältlich.

Ikonen sind im ganzen Land mehr oder weniger günstig zu kaufen: Hier entscheidet der Qualitätsanspruch über den Preis. Auf Flohmärkten in den Städten – meist auch vor gut besuchten Sehenswürdigkeiten – wird viel Ramsch und Trödel angeboten, vereinzelt wird man aber auch Reizvolles finden wie alte Fotoapparate oder Grammofone. Handeln gehört auf den Flohmärkten natürlich zum guten Ton.

▪ Essen und Trinken

So deftig und vielfältig die bulgarische Küche eigentlich ist, so fade wird oft in Hotelrestaurants für die täglichen Buffets gekocht. Da das Preisniveau in bulgarischen Restaurants selbst in den Ferienhochburgen gemessen an mitteleuropäischen Verhältnissen erstaunlich niedrig ist, empfiehlt es sich, nur Übernachtung mit Frühstück zu buchen und auswärts essen zu gehen. Vielleicht kostet dieses Vergnügen etwas mehr, aber dafür lernt man die Landesküche kennen und kann jeden Abend etwas Neues probieren. An Lokalen gibt es die ganze Palette, vom Restaurant mit internationaler Küche bis zur einfachen Gaststätte. Die Mechana entspricht unserem Wirtshaus, auch wenn der Standard durchaus hochklassig sein kann. Manche Lokale nennen sich auch Kŭšta – Hütte.

Die einzelnen Gänge des Essens sollte man nacheinander bestellen. Häufig wird sonst das Hauptgericht mit der Vorspeise oder kurz nach ihr auf den Tisch gestellt. Da es in Bulgarien nicht üblich ist, zum Salat Brot zu essen, muss man dies extra ordern, die Scheiben werden einzeln berechnet. Hauptspeisen stehen ohne ›Sättigungsbeilage‹ auf der Karte, auch diese muss extra bestellt werden. Jede einzelne Bestellung wird boniert und der Bon auf den Tisch gelegt. Am Schluss wird zusammengerechnet. Ein Trinkgeld von ca. 10 % ist üblich.

Feiertage

1. Januar (*Neujahr*), 3. März (*Nationalfeiertag*), Ostern (Orthodoxe feiern in der Regel eine Woche später als Katholiken), 1. Mai (*Tag der Arbeit*), 6. Mai (*Tag der Streitkräfte*), 24. Mai (*Tag der Kultur – St. Kyril und Method-Tag*), 6. September (*Tag der Vereinigung*), 22. September (*Unabhängigkeitstag*), 25./26. Dezember (*Weihnachten*).

Die Feiertage werden jedoch flexibel gehandhabt und abhängig vom Wochentag, auf den ein Feiertag fällt, können Verschiebungen vorkommen.

Festivals und Events

Januar/Februar

Surovakane: Am Neujahrstag ziehen Gruppen von verkleideten jungen Leuten mit einem als Bären maskierten Mann durch das Dorf. Sie betreten die Häuser und singen für jeden Anwesenden ein eigenes Lied, danach werden die Bewohner mit einem speziellen Stab (Surovaznik) berührt, um den Früchte, Münzen und rote Wollfäden mit einer nachgebildeten Schlange geflochten sind. Das soll im neuen Jahr Glück und Erfolg bringen.

Sofia: Neujahrsmusikfestival im Nationalen Kulturpalast

Trifon Saresan: Der Tag des Winzers wird am 14. Februar begangen. Am frühen Morgen ziehen die Winzer in die Weinberge und beschneiden Rebstöcke. In Nordbulgarien wählen die Beteiligten einen Winzerkönig, der bis zur Wahl seines Nachfolgers die Ikone des *hl. Tryphon*, des Schutzheiligen der Winzer, verwahrt. Das Fest fand ursprünglich zu Ehren von Dionysos statt.

März/April

Am 1. März wird der Einzug des Frühlings gefeiert. Die *Martenica* ist eine weiß-rote Quaste aus Seide oder Baumwolle, die man sich gegenseitig schenkt und an der Kleidung befestigt. Sobald der erste Storch gesichtet wird, darf sie wieder abgenommen werden.

Ein Schnäpschen in Ehren – bulgarische Tischsitten

Wer das erste Mal nach Bulgarien kommt, wird erstaunt sein, wie man eine Mahlzeit beginnt: Auf dem Tisch steht ein **Šopska-Salat** mit Tomaten, Gurken, Paprika, Zwiebeln, Petersilie und darüber geriebenem Schafskäse. Brot gibt es nicht dazu, stattdessen jedoch ein Wasserglas voll **Rakija**, des kräftigen inländischen Schnapses, meist Trester oder Obstbrand. Schnaps wird übrigens in Portionen zu etwa 10 cl bestellt und gereicht.

Statt des Salates oder nach ihm wird oft eine Suppe gegessen. An heißen Tagen ist die **Tarator**, eine kalte Gurkensuppe mit Sauermilch, Knoblauch und Dill, manchmal noch mit Nüssen verfeinert, ein erfrischender Gang. In der kälteren Jahreszeit wird man stattdessen Hühnerbrühe, Bohnen- oder Lammfleischsuppe wählen. Als Vorspeise werden auch **Auberginenpüree** (*Kjopolu*) aus Auberginen, Paprika, Tomaten, Knoblauch, Petersilie, Essig, Öl und Salz oder geschälte, entkernte, in Streifen geschnittene Paprika – das **Paprikaš** – gereicht. Paprika sind überhaupt ein unverzichtbarer Bestandteil der bulgarischen Küche. In irgendeiner Form stehen sie immer auf dem Tisch, auch als Hauptgericht mit Eiern und Schafskäse gefüllt (*Palneni čuški sas sirene*).

Fleisch (vor allem Lamm, Hammel, Schwein und Huhn, aber auch Kalb und Rind) bildet meist zusammen mit Gemüse den Hauptgang. Es wird auf kleiner Flamme geschmort oder gedünstet und als Eintopf oder Gulasch serviert. Die beliebte Musaka besteht aus Kartoffeln, Eiersauce und Hackfleisch, die in wechselnden Lagen geschichtet im Ofen gebacken werden. Auf die Zeit der Türken-

Die *Kukeri* sind furchterregende Masken und Kostüme mit Kuhglocken, die man zu wilden Tänzen trägt, um Dämonen und Geister zu vertreiben. Einst beschränkte sich der Brauch auf die Neujahrsnacht, nun findet er auch in den letzten Tagen des Winters statt.

Sofia: Sofia Jazz Peak, internationales Jazzfestival (www.sofiajazzpeak.org) mit Stars wie Al Jarreau und George Benson

Ruse: Internationales Festival ›März-Musiktage‹

Kräftig und reichlich – von bulgarischen Tischen muss kein Gast hungrig aufstehen

herrschaft gehen die **Hackfleischbällchen** und -röllchen (*Kebabčeta und Kjufteta*) zurück. Gegrillt wird Lamm oder Schwein am Spieß oder auch auf dem Rost. Ein besonderes Ereignis ist die Zubereitung von **Čeverme**, dabei dreht sich ein ganzes Lamm mehrere Stunden am Spieß über dem offenen Feuer. Eine weitere Spezialität ist der in Pergament gebackene **Schafskäse** (*Sirene pečeno*). Er bereichert auch viele andere Gerichte und die meisten Salate, wird aber nicht in Würfel geschnitten, sondern gerieben. Als Brot kommt Weißbrot oder **Pitka** auf den Tisch, ein Fladenbrot.

Da Bulgarien ans Schwarze Meer grenzt, spielt naturgemäß auch **Fisch** eine große Rolle: *Hering, Dorsch* und *Makrele* von den Fanggründen auf hoher See und *Safrid*, *Palamut* und *Skumbria* aus den küstennahen Bereichen. Eine Spezialität, die man allerdings nur selten auf den Speisekarten findet, ist *gefüllter Haifischmagen*. Wer Flussfisch schätzt, sollte die köstlichen **Forellen** aus den Gebirgsgewässern probieren, die gegrillt oder gedünstet im ganzen Land serviert werden. Frisch aus dem Kescher munden sie in den Bergregionen natürlich am besten.

Als Nachspeise reicht man Joghurt mit Honig oder in Honig eingelegte Feigen. Die beliebte **Baniča**, ein Strudel, kann süß als Dessert zubereitet werden, mit Käse gefüllt aber auch als Beilage dienen. Schließlich ist **Baklava**, ein von Zuckersirup triefendes, mit Nüssen verfeinertes Blätterteiggebäck, eine gerne gegessene Spezialität.

Bald 4000 Jahre alt ist die Weinbautradition Bulgariens und entsprechend zahlreich sind die **Weingegenden** im Strumatal, in der thrakischen Tiefebene, der Donauhochebene und an der Schwarzmeerküste. Mit die bekanntesten Weingebiete sind Melnik, Asenovgrad, Sliven, Tŭrgovište, Euxinovgrad und Magura. Angebaut werden u.a. die roten Traubensorten Cabernet Sauvignon, Merlot, Rikat und Mavrud, sowie die weißen Misket, Sauvignon blanc und Dimiat. An **Biersorten** werden in den Lokalen hauptsächlich die Marken *Sagorka* und *Kameniča* angeboten, in den Ferienresorts bekommt man natürlich auch ausländisches Bier – allerdings ist es deutlich teurer. Die internationalen **Limonadenmarken** sind überall erhältlich. Leitungswasser zu trinken ist nicht unbedingt empfehlenswert, man sollte lieber auf die verschiedenen **Mineralwässer** zurückgreifen, die an den zahlreichen Quellen des Landes abgefüllt werden.

Mai/Juni

Am 6. Mai beginnt das Wirtschaftsjahr für die Viehzüchter. Das erste Schaf, das gelammt hat, wird gemolken und die Milch durch einen Silberring in einen Krug gegossen. Danach setzt man sich im Freien an eine festliche Tafel und verzehrt Lammfleisch.

Sofia: Sofioter Musikwochen (Ende Mai–Anfang Juni)

Kazanlǎk und Karlovo: Rosenfest ((1. Juni-Wochenende)

Bŭlgari: Feuertanzfest (1. Juni-Wochenende)

Plovdiv: Verdi-Festival (Juni)

Juli/August

Veliko Tǎrnovo: Folklorefestival (Ende Juli, www.velikoturnovo.info)

Varna: Internationales Jazz-Festival ›Varnaer Sommer‹ (Juli/August)

Koprivštica: Nationales Fest der Volkskünste (alle 5 Jahre im August, nächstes Mal wieder 2015 usw.), mit Umzügen,

*Farbenprächtige Trachten gehören traditio-
nellerweise zu jedem bulgarischen Fest*

Darbietungen traditionellen Gesangs
und Tanz
Rošen: August-Folklorefest (alle 2 Jahre,
das nächste Mal wieder 2011 usw.)
Burgas: Folklorefest (August)
Veliko Tărnovo: Opernfest (August)

September

Šumen: Festival der Klaviermusik
Sosopol: *Apollonia Festival* für bulgari-
sche Künste aller Art (Musik, Theater,
Malerei, Bildhauerei) [s.S.66]

Plovdiv: Festival der Puppentheater

Oktober/November

Plovdiv: Internationales Filmfestival
Golden Chest

Dezember

Badnik: Am Vorabend des Weihnachts-
tages fällen die jungen Männer einen
Baum und zünden ihn so an, dass das
Feuer die Nacht über nicht erlischt. Am
nächsten Morgen nimmt jede Familie im
Dorf von der Glut und entfacht unter ihren Obstbäumen ein Feuer, damit die
Ernte gut ausfällt, das Böse vertrieben
wird und das Feuer im Herd nicht erlischt.
Auch zieht die Jugend mit einem verzierten Eichenstock (Koledarka) von Haus zu
Haus, berührt damit die Rücken der Menschen und erbittet so Geschenke.

Laduvane: Am Silvesterabend treffen sich
die jungen Mädchen, sammeln ihre Ringe
in einem Kupferkessel und stellen diesen
unter einen Apfelbaum oder einen Ro-
senstrauch, unter den man Gerstenkörner
gestreut hat. Am nächsten Morgen holen
sie den Kessel und auf dem Dorfplatz
werden dann unter Gesang die Namen
künftiger Bräutigame geweissagt.

Klima und Reisezeit

Das Klima Bulgariens ist kontinental mit
kalten Wintern und heißen Sommern,
nur im Süden wird es auch mediterran
beeinflusst und ist dort etwas milder. Die
schönsten Monate für einen Aufenthalt
am Meer sind Juni bis August, dennoch
ist man auch im Sommer vor abrupten
Wetterumschwüngen nicht gefeit. Ab
Ende August können bereits die ersten
Herbststürme für ungemütliche Wetter-
verhältnisse sorgen und es kommt dann
häufig auch zur Algenblüte im Meer.

Klimadaten Varna

Monat	Luft (°C) min./max.	Wasser (°C)	Sonnen- std./Tag	Regen- tage
Januar	-1/ 6	6	3	7
Februar	0/ 6	5	3	7
März	3/ 9	5	4	6
April	7/15	9	5	7
Mai	12/20	14	7	8
Juni	16/25	19	8	7
Juli	18/27	21	9	5
August	18/27	23	9	4
September	14/24	21	7	4
Oktober	10/18	17	5	4
November	5/ 13	13	4	7
Dezember	2/ 8	9	2	7

Klimadaten Sofia

Monat	Luft (°C) min./max.	Sonnen- std./Tag	Regen- tage
Januar	-5/ 2	2	7
Februar	-3/ 5	3	6
März	0/10	4	6
April	5/ 15	6	9
Mai	9/20	7	11
Juni	12/24	8	10
Juli	14/26	9	8
August	14/26	8	5
September	11/23	7	5
Oktober	6/ 17	5	6
November	1/ 10	3	7
Dezember	-3/ 4	2	7

Quelle: Deutscher Wetterdienst

Kuren

Das niedrige Preisniveau der Hotels und der kundigen medizinischen Betreuung lockt immer mehr Kurgäste nach Bulgarien, entsprechende Einrichtungen finden sich etwa in Albena, am Goldstrand, bei Sunny Day, Sv. Sv. Konstantin i Elena, am Sonnenstrand, in Pomorje und im Südwesten in Sandanski. Über 530 **Thermalquellen** unterschiedlicher physikalisch-chemischer Zusammensetzung und Temperatur sprudeln im Land. Sie werden von den medizinischen Abteilungen der Kurhotels für die Heilung diverser Krankheiten genutzt, in *Albena* z.B. bei Erkrankungen des Stütz- und Bewegungsapparates sowie des peripheren Nervensystems, am *Goldstrand* bei funktionalen Störungen des Nervensystems oder unspezifischen Erkrankungen des Atemsystems, in *Sandanski* bei Osteoporose, um nur einige zu nennen. Die großen Reiseveranstalter geben in ihren Katalogen Hinweise auf die Hotels, die sich auf Kuraufenthalte spezialisiert haben.

Museen und archäologische Stätten

Es gibt keine landesweit geregelten Öffnungszeiten. Meist halten die **Museen** einen Ruhetag (häufig Montag), öffnen aber auch am Wochenende. Ist Montag geöffnet, bleibt es meist am Wochenende geschlossen. Viele Museen machen eine Mittagspause. **Ausgrabungsstätten** sind im Winter meist geschlossen, ebenso manche Museen. Detaillierte Angaben dazu finden sich im Textteil.

Sport

Extremsportarten

Die in weiten Teilen unberührte Natur lädt zum Freeclimben, Paragliden oder Höhlenklettern ein. Entsprechende Angebote findet man auf der Internetseite des kanadisch-bulgarischen Reiseveranstalters *Motoroads*: www.motoroads.com.

Mountainbiking

In den Bergen verleihen viele Hotels Mountainbikes und helfen bei der Tourenwahl mit Tipps zu Wegen und Querfeldein-Routen über Stock und Stein. Besonders gut eignen sich hierfür die auch als Wintersportorte bekannten Städtchen Pamporovo, Borovec und Bansko, aber auch Karlovo oder Teteven.

Vogelbeobachtung

Die Naturschutzgebiete an der Schwarzmeerküste sind ein Paradies für Vogelbeobachtungen, vor allem während des Vogelzuges im Frühling und Herbst. ›Birding-Touren‹ unter englischsprachiger Leitung organisiert u.a.

Villa Philadelphia, Sinemorec, Tel. 05 90/66106, www.villaphiladelphia.com

Wandern

Bulgarien ist das Land für Wanderer. Besonders schöne Touren starten von Sliven, Karlovo und Teteven aus in die herrliche Bergwelt der Stara Planina und ins Rila-, Pirin- und Vitoša-Gebirge. Die Wanderwege sind indes oft nur mäßig gekennzeichnet und der Standard der Berghütten lässt noch zu wünschen übrig. Folgendes Reisebüro organisiert mehrtägige *Wanderungen* in ganz Bulgarien und verkauft Wanderkarten in Englisch:

ZigZag Travel, A. Stamboliiski Blvd. 20/V, Sofia, Tel. 02/980 51 02, www.zigzagbg.com

Wassersport

Am Meer sind für Anfänger wie für Fortgeschrittene alle Wassersportarten geboten, man kann Windsurfen, Segeln, Wasserskifahren und Tauchen, aber auch weniger anstrengende Freizeitvergnügungen wie Parasailing, Bananafahrten und Jetskifahren wählen.

Wintersport

Alpinski und Langlauf sind in allen Höhenlagen des gebirgigen Bulgariens möglich. Die wichtigsten Wintersportorte mit großen Liftanlagen sind Borovec, Bansko, Pamporovo und Teteven.

Statistik

Lage: Bulgarien grenzt im Westen an Serbien/Montenegro sowie an Mazedonien, im Norden an Rumänien, im Osten ans Schwarze Meer und im Süden an die Türkei und an Griechenland. Es wird durch das Balkan-Gebirge in eine Nord- und eine Südhälfte geteilt. Grenzfluss im Norden ist die Donau, deren Tiefebene die Landschaft bestimmt. Im Süden erstrecken sich die Thrakische Tiefebene und das Tiefland von Ostrumelien. Der südliche Westen ist von den Gebirgszügen Rhodopen, Rila, Pirin und Vitoša geprägt. Höchster Berg des Landes ist der Gipfel der Musala mit 2925 m im Rila-Gebirge.

Verwaltung: Bulgarien ist in acht Regionen und das Hauptstadtgebiet unterteilt (Sofia, Burgas, Haskovo, Loveč, Montana/Mihajlovgrad, Plovdiv, Ruse, Region Sofia, Varna).

Bevölkerung: 7,5 Mio. (2009)

Hauptstadt: Sofia

Wirtschaft: Die Auflösung des Ostblocks hat Bulgarien – im Sozialismus ein relativ wohlhabendes Land – in eine schwere ökonomische Krise gestürzt. Die Arbeitslosenrate sinkt allerdings offiziell (7 %/2009) seit Jahren. Viele Bulgaren, besonders Rentenempfänger, leben unterhalb der Armutsgrenze. Der monatliche Durchschnittsbruttolohn betrug 2009 ca. 205 Euro. Die Inflation erreicht etwa 4 %, der Zuwachs des Bruttosozialproduktes etwa 0,3 %. Ein großes Problem stellt die Korruption in Verwaltung und Politik dar.

Unterkunft

Camping

Die Campingplätze zeigen trotz allgemeiner Verbesserungen in der touristischen Infrastruktur immer noch ein eher mittelmäßiges Niveau. Auch die Sicherheit von Campern auf Zeltplätzen stellt mitunter ein Problem dar. Vor allem vom unerlaubten ›wilden Zelten‹ ist abzuraten.

Eine Auswahl geprüfter Plätze bietet der jährlich aktualisierte **ADAC Camping-Caravaning-Führer**, Band Südeuropa, der – auch als CD-ROM in Buchhandlungen erhältlich ist.

Hotels

Der Standard der zahlreichen Unterkünfte an den Küsten ist vorzüglich, im Land gibt es ebenfalls beste Hotels, wobei die kleineren, privaten hervorzuheben sind. Mit großen Unterschieden bei der Qualität des Service ist zu rechnen. Die **Klassifizierung** mit Sternen ist verlässlich und entspricht mitteleuropäischem Standard. Generell ist es empfehlenswert, die Hotels bei längeren Aufenthalten an einem Ort *pauschal* von Deutschland aus zu buchen, da dies wesentlich günstiger ist. Auf eine Buchung mit Halbpension kann

man verzichten, denn das Hotelessen ist meist von mäßiger Qualität, wohingegen das Angebot in den Restaurants gut und äußerst preiswert ist.

In den meisten **Hotels** wird den Gästen bei der Ankunft der Schlüssel zusammen mit den Fernbedienungen für Fernseher und Klimaanlage ausgehändigt. Manche Hotels handhaben dies auch so mit der Nachttischlampe. Fehlt sie, wird man auf Nachfrage an der Rezeption eine erhalten. In einigen Hotels steht warmes Wasser nur in den Morgen- und Abendstunden zur Verfügung.

Verkehrsmittel im Land

Bahn

Die Bahn in Bulgarien ist das langsamste, wenngleich auch das billigste Verkehrsmittel. Das Schienennetz ist gut ausgebaut und verbindet u.a. die großen Städte Varna, Burgas, Ruse und Sofia. Die hygienischen Verhältnisse in den Zügen entsprechen jedoch nicht mitteleuropäischem Standard.

Bus

Mit Fernbussen kommt man zügiger voran als mit der Bahn. Es gibt eine Vielzahl privater Busgesellschaften, die ihre Fahrpläne häufig wechseln. Mehrere Verbindungen täglich zwischen Sofia und Varna unterhält z.B. die Firma ETAP Adress:

ETAP Adress, Blvd. Vasil Levski 138, Sofia, Tel. 02/945 39 39, www.etapgroup.com

Mietwagen

Mietwagen sind in allen Touristenorten und größeren Städten bei internationalen Vermietern zu erhalten (nationaler Führerschein und Kreditkarte werden verlangt). Besser ist es, den Wagen vorab im Heimatland zu buchen. Für ADAC Mitglieder bietet die **ADAC Autovermietung GmbH** günstige Bedingungen. Buchungen über die Geschäftsstellen oder unter 018 05/31 81 81 (0,14 €/Min.).

Taxis

Taxis kann man fast überall über Funk rufen oder am Straßenrand anhalten. Man sollte darauf achten, dass das Taxameter eingeschaltet wird und dass tatsächlich nur die am Fenster des Taxis angegebenen Tarife berechnet werden.

Sprachführer
Bulgarisch für die Reise

◼ Das Wichtigste in Kürze

Ja/Nein	[da/ne]	Да/Не
Bitte/Danke	[mòlja/blagodarjà]	Моля/благодаря
Gut/In Ordnung!	[dobrè]	Добре
Einverstanden	[ssaglàsen ssam]	Съгласен съм
Entschuldigung!	[iswinète]	Извинете!
Wie bitte?	[poftorète, mòlja]	Повторете, моля?
Ich verstehe Sie (nicht).	[rasbìram wi (ne wì rasbìram)]	Разбирам Ви (Не Ви разбирам).
Ich spreche nur wenig Bulgarisch.	[rasbìram mnògo màlko bàlgarsski]	Разбирам много малко български.
Ich komme aus Deutschland/Österreich/ der Schweiz.	[as sam ot germànija/àfstrija/ schwejzàrija]	Аз съм от Германия/Австрия/ Швейцария.
Können Sie mir bitte helfen?	[mòschete li da mi pomògnete]	Можете ли да ми помогнете?
Das gefällt mir (nicht).	[towà (ne) mì charèswa]	Това (не) ми харесва.
Ich möchte …	[isskam …]	Искам …
Wie viel kostet …?	[kòlko strùwa …]	Колко струва …?
Kann ich mit Kreditkarte bezahlen?	[mòga li da platjà ss kredìtna kàrta]	Мога ли да платя с кредитна карта?
Guten Morgen!	[dobrò útro]	Добро утро!
Guten Tag!	[dòbar den]	Добър ден!
Guten Abend!	[dòbar wètscher]	Добър вечер!
Gute Nacht!	[lèka noscht]	Лека нощ!
Hallo!/Grüß dich!	[sdrawèj]	Здравей!
Wie ist Ihr Name, bitte?	[kàk sse kàswate]	Как се казвате?
Mein Name ist …	[as sse kàswam …]	Аз се казвам …
Auf Wiedersehen!	[dowìschdane]	Довиждане!
Bis morgen!	[do ùtre]	До утре!
gestern/heute/morgen	[ftschèra/dness/ùtre]	Вчера/днес/утре
am Vormittag/am Nachmittag	[predì òbed/ssled òbed]	Преди обед/след обед
am Abend/in der Nacht	[wetschertà/pres noschtà]	Вечерта/през нощта
um 1 Uhr/um 2 Uhr …	[w edín tschasà/w dwà tschasà]	В един часа/в два часа …
um Viertel vor (nach) …	[bes (i) petnàjset]	… без (и) петнайсет
um … Uhr 30	[f … tschasà i trìjset minùti]	В … часа и трийсет минути
Minute(n)/Stunde(n)	[minùta(i)/tschas(owè)]	Минута(−и)/час(−ове)
Tag(e)/Woche(n)	[den(dnì)/ssèdmiza(i)]	Ден (дни)/седмица (−и)
Monat(e)/Jahr(e)	[mèssez(i)/godìna(i)]	Месец(и)/год (−ини)

◼ Maße

Kilometer	[kilomètar]	Километър
Meter	[mètar]	Метър
Zentimeter	[ssantimètar]	Сантиметър
Kilogramm	[kilogràm]	Килограм
Gramm	[gram]	Трам
Liter	[lìtar]	Литър

◼ Wochentage

Montag	[ponedèlnik]	Понеделник
Dienstag	[ftòrnik]	Вторник
Mittwoch	[ssrjàda]	Сряда
Donnerstag	[tschetwàrtak]	Четвъртък
Freitag	[pètak]	Петък
Samstag	[ssàbota]	Събота
Sonntag	[nedèlja]	Неделя

■ Monate

Januar	[januàri]	Януари
Februar	[fewruàri]	Февруари
März	[mart]	Март
April	[april]	Април
Mai	[màj]	Май
Juni	[jùni]	Юни
Juli	[jùli]	Юли
August	[àwgust]	Август
September	[sseptèmwri]	Ссептември
Oktober	[oktòmwri]	Октомври
November	[noèmwri]	Ноември
Dezember	[dekèmwri]	Декември

■ Unterwegs

Nord / Süd / West / Ost	[ssèwer / jug / sàpad / ìsstok]	Север / юг / запад / исток
geöffnet / geschlossen	[otwòreno / satwòreno]	Отворено / затворено
geradeaus / links / rechts / zurück	[napràwo / naljàwo / nadjàssno / nasàd]	Направо / наляво / надясно / назад
nah / weit	[blìssko / dalètsche]	Близко / далече
Wie weit ist das?	[dalètsche li e ot tùka]	Далече ли е от тука?
Wo sind die Toiletten?	[kadè sse namìra toalètnata]	Къде се намира тоалетната?
Wo ist die (der) nächste	[kadè e nàj blìsskata (blìsskija)	Къде е най-близката (близкия)
Telefonzelle / Post / Bank / Polizei?	telefònna kabìna / pòschta / bànka polizèjski utschàstak]	Телефонна кабина / поща / банка полицейски участък?
Bitte, wo ist … der Flughafen / der Fährhafen / der Bahnhof / der Busbahnhof / die Metrostation / die Straßenbahnhaltestelle / die Trolleybushaltestelle?	[mòlja, kadè sse namìra letìsteto / feribòtnoto prisstànischte / gàrata / àftogàrata / sspìrkata na metròto / sspìrkata na tramwàja / sspìrkata na trolèja]	Моля, къде се намира летището / фериботното пристанище / гарата / автогарата / спирката на метрото / спирката на трамвая / спирката на тролея?
Wo finde ich … eine Apotheke / den Markt?	[kadè sse namìra tùka … aptèkata / pasàra]	Къде се намира тука аптека / пазара?

■ Zahlen

1	[ednò]	Едно	20	[dwàjsset]	Двайсет
2	[dwe]	Две	21	[dwàjsset i ednò]	Двайсет и едно
3	[tri]	Три	22	[dwàjsset i dwè]	Двайсет и две
4	[tschètiri]	Четири	30	[trìjsset]	Трийсет
5	[pet]	Пет	40	[tschetirìjsset]	Четирийсет
6	[schesst]	Шест	50	[petdessèt]	Петдесет
7	[sèdem]	Седем	60	[schesstdessèt]	Шестдесет
8	[òssem]	Осем	70	[ssedemdessèt]	Седемдесет
9	[dèwet]	Девет	80	[ossemdessèt]	Осемдесет
10	[dèsset]	Десет	90	[dewetdessèt]	Деветдесет
11	[ednàjsset]	Единайсет	100	[ssto]	Сто
12	[dwanàjsset]	Дванайсет	200	[dwèssta]	Двеста
13	[trinàjsset]	Тринайсет	1000	[hiljadà]	Хиляда
14	[tschetirinàjsset]	Четиринайсет	2000	[dwè hìljadi]	Две хиляди
15	[petnàjsset]	Петнайсет	10 000	[dèsset hìljadi]	Десет хиляди
16	[schesstnàjset]	Шестнайсет	100 000	[sstò hìljadi]	Сто хиляди
17	[ssedemnàjsset]	Седемнайсет	1 000 000	[edìn miliòn]	Един милион
18	[ossemnàjsset]	Осемнайсет	½	[ednà vtòra]	Една втора
19	[dewetnàjsset]	Деветнайсет	¼	[ednà tschètwart]	Една четвърт

Ich möchte mit …	[bich ìsskal(a) da patùwam ss …	Бих искал (а) да пътувам с …
dem Bus /	aftobùssa /	автобуса /
dem Schiff /	parachòda /	парохода /
der Fähre /	feribòta /	feribòta /
der Straßenbahn	tramwàja]	трамвая
nach … fahren.	sa …]	за …
Ich möchte eine Anzeige	[bich ìsskal(a) da	Бих искал(а)
erstatten.	napràwja sajawlènie]	да направя заявление.
Man hat mir …	[otkràdnacha mi …	Откраднаха ми …
Geld / die Tasche /	parì / tschàntata	пари / чантата
die Papiere /	dakumèntite /	документите /
die Schlüssel /	kljutschà /	ключа /
den Fotoapparat /	fòtoaparàta /	фотоапарата /
den Koffer gestohlen.	kùfara]	куфара.
Verständigen Sie bitte	[mòlja uwedomète	Моля уведомете
das Deutsche Konsulat.	nèmskoto kònssulsstwo]	немското консулство.

🟨 Bank, Post, Telefon

Ich möchte Geld wechseln.	[bich ìsskal(a) da obmenjà parì]	Бих искал(а) да обменя пари.
Brauchen Sie meinen	[trjàbwa li wi lìtschnata mi	Трябва ли Ви личната
Ausweis?	kàrta]	ми карта?
Ich möchte eine	[ìsskam da sse sswàrscha po	Искам да се свържа
Telefonverbindung nach …	telefòna ss …]	по телефона с …
Wo gibt es …	[kadè mòga da sse ssnabdjà ss …	Къде мога да се снабдя с …
Münzen für den	monèti sa	монети за
Fernsprecher /	telefònnija ap'ràt /	телефонния апарат /
Telefonkarten /	telefònni kàrti /	телефонни карти /
Briefmarken?	pòschtenski màrki]	пощенски марки?

🟨 Tankstelle

Wo ist die nächste	[kadè e nàj blìsskata	Къде е най-близката
Tankstelle?	bensinostànzija]	бензиностанция?
Ich möchte …	[bich ìsskal(a) …	Бих искал(а)
Liter …	lìtra …	… литра
Benzin / Super / Diesel /	bensìn / sùper / dìsel /	бензин / супер / дизел /
bleifrei / verbleit.	besolòwno goriwo /	безоловно гориво /
	etilìrano goriwo]	етилирано гориво.
Volltanken, bitte.	[mòlja, napalnète reserwoàra]	Моля напълнете резервоара.
Bitte prüfen Sie …	[mòlja prowerète …	Моля проверете …
den Reifendruck /	naljàganeto w gùmite /	налягането в гумите /
den Ölstand /	niwòto na maslòto /	нивото на маслото /
den Wasserstand /	niwòto na wodàta /	нивото на водата
das Wasser für die	wodàta f urèdbata sa	водата в уредбата
Scheibenwaschanlage /	mìene na staklàta /	за миене на стъклата
die Batterie.	akumulàtora]	акумулатора.

🟨 Panne

Ich habe eine Panne.	[ìmam awàrija]	Имам авария.
Gibt es hier in der Nähe	[ìma li nablìso	Има ли наблизо
eine Werkstatt?	aftoremòntna rabotìlniza]	авторемонтна работилница?
Können Sie mir einen	[bìchte li mi iswìkali	Бихте ли ми извикали
Abschleppwagen schicken?	bukssìrna kolà]	буксирна кола?
Können Sie den Wagen	[mòschete li da	Можете ли да
reparieren?	popràwite kolàta]	поправите колата?
Ich möchte ein Auto mieten.	[bich ìsskal(a) da naéma kolà]	Бих искал(а) да наема кола.
Was kostet die Miete …	[kòlko sstrùwa nàema …	Колко струва наемът …
pro Tag / pro Woche /	na dèn / na ssèdmiza /	на ден / на седмица /
mit unbegrenzter km-Zahl /	ss neogranitschèn kilometràsch /	с неограничен километраж /
mit Kaskoversicherung /	ss kàssko sasstrachòfka /	с каско–застраховка /
mit Kaution?	ss garanziònna ssùma]	с гаранционна сума?
Wo kann ich den	[kadè mòga da	Къде мога да
Wagen zurückgeben?	wàrna kolàta]	върна колата?

Unfall

Hilfe!	[pòmoscht]	Помощ!
Achtung / Vorsicht	[wnimànie / wnimàtelno]	Внимание / внимателно
Rufen Sie schnell …	[mòlja iswìkajte sspèschno …	Моля извикайте спешно …
einen Krankenwagen /	bàrsa pòmoscht /	бърза помощ /
die Polizei /	polizijata /	полицията /
die Feuerwehr.	poschàrnata komànda]	пожарната команда
Es war (nicht) meine Schuld.	[(ne) bèsche mòja winà]	(Не) беше моя вина..
Geben Sie mir bitte Ihren	[kaschète mi mòlja famìlnoto	Кажете ми моля фамилното
Namen und Ihre Adresse.	ssi ìme i adrèssa ssi]	си име и адреса си.
Ich brauche die Angaben	[neobchodìmi ssa mi dànnite	Необходими са ми данните
zu Ihrer Autoversicherung.	na wàschata aftomobìlna	на Вашата автомобилна
	sasstrachòfka]	застраховка.

Krankheit

Können Sie mir einen	[bìchte li mi preporàtschali	Бихте ли ми препоръчали
Arzt / Zahnarzt empfehlen,	eðìn lèkar / sabolèkar,	един лекар / зъболекар,
der Deutsch spricht?	kòjto rasbìra nèmski]	който разбира немски?
Wo ist die nächste Apotheke?	[kadè e nàj blìsskata aptèka]	Къде е най–близката аптека?
Ich brauche ein Mittel	[neobchoðìmo mi e lekàrstwo	Необходимо ми е
gegen …	protìf …	лекарство против …
Durchfall / Verstopfung /	rasstròjstwo / sàpek /	разстройство / запек /
Fieber /	temperatùra /	температура /
Insektenstiche /	uchàpwane ot nassekòmo /	ухапване от насекомо /
Halsschmerzen /	bòlki w gàrloto /	болки на гърлото /
Zahnschmerzen.	sabobòl.]	зъбобол.

Im Hotel

Ich habe bei Ihnen	[ass reserwìrach pri	Аз резервирах при
ein Zimmer reserviert.	wass sstàja]	Вас стая.
Haben Sie …	[ìmate li …	Имате ли …
ein Einzelzimmer /	edinìtschna sstàja /	единична стая /
ein Doppelzimmer …	sstàja sa dwàma /	стая за двама /
mit Bad / WC	sstàja ss bànja / WC	стая с баня / WC
für eine Nacht?	sstàja sa ednà nost]	стая за една нощ?
Was kostet das Zimmer?	[kòlko sstrùwa sstàjata]	Колко струва стаята?
Ich reise heute Abend /	[as saminàwam tàja wètscher /	Аз заминавам тая вечер /
morgen Früh ab.	ùtre ssùtrin]	утре сутрин.

Bulgarisches Alphabet

Bei kurzen Aufenthalten kann man sich mit Englisch und Deutsch behelfen. Sehr hilfreich ist es aber, das kyrillische Alphabet lesen zu können:

Bulgarisches Alphabet	Deutsche Aussprache	Bulgarisches Alphabet	Deutsche Aussprache
А а	all	Р р	russisch
Б б	bald	С с	etwas
В в	Wald	Т т	Traum
Г г	gut	У у	unten
Д д	da	Ф ф	fade
Е е	egal	Х х	Sache
Ж ж	Gelee	Д ц	Ziel
З з	Saal	Ч ч	Matsch
И и	immer	Ш ш	Schule
Й й	jeder	Щ щ	Stanze
К к	kalt	ъ	dunkles a zur Trennung
Л л	laut		von 2 Konsonanten
М м	Mama	ь	nur vor „o" möglich – jodeln
Н н	nein	Ю ю	Tür
О о	oder	Я я	ja
П п	parken		

Im Restaurant

Wo gibt es ein gutes / günstiges Restaurant?	[kadè ìma dobàr / nesskàp resstorànt]	Къде има добър / нескъп ресторант?
Die Speisekarte, bitte.	[dàjte mi, mòlja menjùto]	Дайте ми, моля, менюто.
Welches Gericht können Sie besonders empfehlen?	[kakwò bìchte mi preporàtschal(a)]	Какво бихте ми препоръчал(а)?
Haben Sie vegetarische Gerichte?	[ìmate li wegetariànsko menjù]	Имате ли вегетариантско меню?
Die Rechnung / Bezahlen, bitte!	[mòlja ssmètkata]	Моля, сметката!

Essen und Trinken

Abendessen	[wetschèrja]	Вечеря
Bier	[bìra]	Бира
Birne	[krùscha]	Круша
Bratkartoffeln	[pàrscheni kartòfi]	Пържени картофи
Brot / Brötchen	[chljab / chlèptsche]	Хляб / хлебче(та)
Butter	[maslò]	Масло
Ei	[jajzè]	Яйце
Eiscreme	[ssladolèt]	Сладолед
Erdbeeren	[jàgodi]	Ягоди
Essig	[ozèt]	Оцет
Fisch	[rìba]	Риба
Fleisch	[messò]	Месо
Frühstück	[sakùsska]	Закуска
Geflügel	[pìleschko messò]	Пилешко месо
Gemüse	[selentschùk]	Зеленчук
Gurke	[kràsstawiza]	Краставица
Hähnchen	[pìle]	Пиле
Hammelfleisch	[òwneschko]	Овнешко
Hummer	[omàri]	Омари
Kaffee	[kafè]	Кафе
Kalbfleisch	[tèleschko]	Телешко
Kartoffel	[kartòfi]	Картофи
Käse – weiß / gelb	[ssìrene / kaschkawàl]	Сирене / Кашкавал
Kuchen	[ssladkìsch]	Сладкиш
Lachs	[ssjòmga]	Сьомга
Lamm	[àgneschko messò]	Агнешко месо
Marmelade	[marmalàd]	Мармалад
Mittagessen	[objàd]	Обяд
Meeresfrüchte	[mòrski delikatèssi]	Морски деликатеси
Milch	[mljàko]	Мляко
Mineralwasser	[mineràlna wodà]	Минерална вода
Obst	[plodowè]	Плодове
Öl	[òlio]	Олио
Pfannkuchen	[palatschìnki]	Палачинки
Pfeffer	[tschèren pipèr]	Черен пипер
Pfirsich	[pràsskowa]	Праскова
Pilze	[gàbi]	Гъби
Reis	[orìss]	Ориз
Rühreier	[bàrkani jajzà]	Бъркани яйца
Sahne	[ssmetàna]	Сметана
Salat	[ssalàta]	Салата
Salz	[ssol]	Сол
Schinken	[schùnka]	Шунка
Schweinefleisch	[sswìnsko messò]	Свинско месо
Suppe	[ssùpa]	Супа
Thunfisch	[rìba ton]	Риба тон
Truthahn	[missìrka]	Мисирка
Vorspeise	[predjàsstie]	Предястие
Wein... (weiß / rot / rosè)	[wìno... (bjàlo / tscherwèno / rosè)]	Вино (бяло / червено / розé)
Zucker	[sàchar]	Захар
Zwiebeln	[luk]	Лук

Register

Impressum

Redaktionsleitung: Dr. Dagmar Walden
Lektorat: Elisabeth Schnurrer,
Irene Unterriker
Bildredaktion: Elisabeth Schnurrer
Aktualisierung: Astrid Rohmfeld
Karten: Computerkartographie Carrle,
München
Layout: Martina Baur
Herstellung: Ralph Melzer
Druck, Bindung: Rasch Druckerei und
Verlag, Bramsche
Printed in Germany

Ansprechpartner für den Anzeigen-
verkauf:
Kommunalverlag GmbH & Co KG,
MediaCenterMünchen,
Tel. 089/92 80 96 44

ISBN 978-3-89905-873-4

Neu bearbeitete Auflage 2011
© ADAC Verlag GmbH, München

Bildnachweis

Umschlag-Vorderseite: Hafen von
Nesebăr. Foto: Getty Images (Nicholas
Pitt, Collection: Digital Vision)

Titelseite:
Oben: Altstadt von Plovdiv.
Foto: Mauritius (O'Brian)
Mitte: Varna lockt mit Schwarzem Meer
und Swimmingpool. Foto: Hartmuth
Friedrichsmeier (Transit/Schulze, Leipzig)
Unten: Mädchen in Tracht beim Rosen-
fest. Foto: Hartmuth Friedrichsmeier
(Transit/Schulze, Leipzig)

AKG: 12 unten (Werner Forman), 83 (Nik-
laus Stauss), 93 (Bruni Meya), 12 oben, 13
(2), 14 (2), 15 oben, 44 – Anzenberger: 29
oben (Reiner Riedler) – Bildagentur on-
line: 58, 124 Mitte rechts unten (Haval) –
Fan & Mross: 84 (Rainer Hackenberg, Köln)
– Hartmuth Friedrichsmeier: 6 links, 8 unten, 11 unten, 15 unten, 29 Mitte, 34 unten,
45 unten, 49 unten, 55 oben, 78 (2), 87, 95,
96, 98 (2), 100 (2), 101 unten, 102/103, 105 unten, 106, 107, 108 oben, 111, 113, 114 oben, 116,
119, 120 oben, 131 (Transit/Schulze, Leipzig)
– Rainer Hackenberg: 8 oben, 10 oben,
16/17, 46, 48, 49 oben, 53 unten, 55 Mitte,
56, 70, 77, 88/89, 105, 109, 110 – Huber Bildagentur: 2 (zweites von oben), 6/7 unten,
32/33, 60 (R. Schmid), 31 (Zoom), 67 (Meh-
lig) – Imago: 132 (Xinhua) – Interfoto: 124
Mitte links (imagebroker/Konrad Wothe)
– Volkmar E. Janicke: 28, 38 – Friedrich Köthe: 5 (erstes von oben), 9 unten, 21, 23, 24
(2), 30, 34 oben, 35, 37 unten, 38/39, 42 unten, 43, 46/47, 50 unten, 58/59, 61, 68 oben,
70/71, 75, 76, 85, 88, 90, 91 (2), 92, 94 unten,
97, 101 oben, 117, 120 unten, 122, 123 – Laif:
18/19, 36, 37 Mitte (Kaiser), 86 (Tophoven),
114/115 (Henseler), 124 Mitte rechts oben
(Dagmar Schwelle) – Look: 22/23 (Konrad
Wothe) – Mauritius: 7 oben, 8 Mitte, 9
oben, 10 unten, 11 oben, 27 Mitte, 40/41, 50
oben, 56, 64, 65, 66, 73, 118/119, 129 (O'Brian),
27 oben, 124 unten (AGE), 42 Mitte (Den-
nis), 68 unten (Lacz), 72 (Arthur), 80/81
(Urs Flüeler), 81 (Alamy) – transit: 94 oben
(Tom Schulze) – White Night Press: 53
oben (G. Burzeva) – World Pictures: 62/63
(Photoshot/O'Brien), 124 oben (Photo-
shot/Mauritius)

Mehr erleben, besser reisen!